AUTOR

Der führende Altersforscher Prof. Dr. Sven Voelpel ist 1973 in München geboren und seit 2004 Professor für Business Administration an der Constructor University in Bremen. Über Data- und Demografie-Management kam er zur Altersforschung, wo er unter anderem darüber forscht, was Menschen altern lässt und was sie jung hält. Mit seinem Team entwickelte er den kostenlosen Jungbrunnen-Alterstest, bei dem das biologische Alter – und nicht das auf der Geburtsurkunde – ermittelt werden soll, und die Jungbrunnen-App. Sein neues Buch „7 Jahre jünger in sieben Wochen" ist an seinen Jungbrunnenkompass und seinen Nummer-eins-Spiegel-Bestseller „Die Jungbrunnenformel" angelehnt.

Mit seiner einzigartigen, ganzheitlich durchdachten Herangehensweise zeigt er auch hier, wie mit großem Spaß – spielerisch und einfach – die eigene Wirklichkeit und Realität für ein dauerhaft junges, gesundes und leistungsfähiges Leben verändert werden kann. Getreu seinem Motto: „Wissen wirkt Wunder."

PROF. DR. SVEN VOELPEL

7 JAHRE JÜNGER IN SIEBEN WOCHEN

Mit dem Meta-Ernährungscode zum maximalen Erfolg

REZEPTE BETTINA MATTHAEI
FOOD-FOTOGRAFIE JAN-PETER WESTERMANN

Fruchtig-würziger Ofen-Fenchel mit Mozzarella

Sahnige Pilz-Nudel-Pfanne

Gefüllte Portobellopilze mit Linsengemüse

Tofu-Pilz-Pfanne Asia-Style mit Pak Choi und Erdnüssen

Linsen-Wraps mit Avocado und gebratenen Austernpilzen

Aromatischer Rote-Bete-Salat mit Balsamico-Linsen und Granatapfel

Gemüsequiche mit Zucchini-Leinsamen-Boden

Linsenpasta-Auflauf mit Pilzen und würziger Tomatensauce

Champignonsalat mit Miniblumenkohlsteaks

Inhalt

7 Jahre – das ist doch schon was!

EWIG JUNG BLEIBEN

Wie wunderbar wäre es doch, wenn wir unsere Lebensuhr zurückdrehen könnten! Ewig jung bleiben und dem Altern ein Schnippchen schlagen. Sich dabei fit, gesund und beweglich fühlen. Kennen Sie diese Gedanken?

Die erste gute Nachricht: Es ist möglich, sein Leben zu verlängern, das hat die Wissenschaft in den vergangenen Jahren vielfach belegt. Nicht nur, wie alt wir werden, sondern auch, wie lange wir uns jung fühlen, hängt von vielen Faktoren ab, die wir selbst beeinflussen können.

UNSER LEBENSKONTO

Wie kann das funktionieren? Mit unseren Gewohnheiten und unserem Lebensstil zahlen wir auf unser Lebenskonto ein. Wenn wir über die Stränge schlagen, Stress oder ungesunde Ernährung an der Tagesordnung sind, müssen wir ein paar Jahre von unserem Lebenskonto abziehen. Mit gesunder Ernährung, ausreichendem Schlaf und einem achtsamen Lebensstil kommen ein paar Jahre drauf. Es zahlt sich also aus, den Hebel umzulegen.

LOHNT SICH DAS JETZT NOCH?

„Zu spät für einen Turnaround", denken Sie jetzt? Eben nicht! Denn egal, an welchem Punkt Ihres Lebens Sie einsteigen, es lohnt sich immer. Vor allem, weil ein höheres Alter bei bester Gesundheit keine Selbstverständlichkeit ist. Dafür müssen wir uns nicht groß anstrengen, sondern lediglich hilfreiches Wissen beachten. Und unsere Ernährung ist hierbei ein entscheidender Faktor.

Viele unterschiedliche Ernährungsformen wurden gerade in den vergangenen Jahren wissenschaftlich erforscht. Welchen Einfluss haben sie wirklich auf unsere Gesundheit? Was essen Menschen in Regionen, in denen die Lebenserwartung besonders hoch ist?

UND WER SAGT, DASS DAS ÜBERHAUPT FUNKTIONIERT?

Die Forschung auf diesem Gebiet ist nicht einfach, denn sie funktioniert nicht wie bei einer neuen Therapie, einem Medikament, wo viele ähnliche Probanden einer exakt gleichen Behandlung ausgesetzt werden. Ernährungsstudien umfassen Menschen unterschiedlichen Alters und unterschiedlicher Konstitution, sie wohnen nicht am gleichen Ort und es ist nicht einfach zu kontrollieren, ob sie nicht doch das eine oder andere Mal „schwach" werden. Trotzdem sind die wissenschaftlichen Erkenntnisse heute um Lichtjahre weiter. Denken Sie nur, wo wir vor 100 Jahren standen und wo wir heute stehen. Erinnern wir uns an die vielen falschen Ernährungsmythen, die uns in den vergangenen Jahrzehnten begleitet haben. Heute tauschen sich Forscherteams der ganzen Welt aus, es gibt weltweit zugängliche Datenbanken, neue Untersuchungsmethoden und computergestützte Auswertungen globaler Studien und Metastudien.

DER META-ERNÄHRUNGSCODE

Aktuelle Forschungsergebnisse, weltweite Metastudien und das Beste aus allen bekannten Ernährungsformen: Das ist die Grundlage für den Meta-Ernährungscode. Er fasst in diesem Buch erstmals alles zusammen, was Sie für eine lebensverlängernde, gesundheitsfördernde und leistungssteigernde Ernährung wissen müssen.

Auf den ersten Seiten möchte ich Ihnen genau erklären, wie und warum der Meta-Ernährungscode funktioniert. Was geht in unserem Körper vor? Wie aktivieren wir unsere Verjüngungsprozesse und bremsen das Altern einfach aus? In den folgenden Kapiteln erkläre ich all diese oft komplexen Sachverhalte plakativ und anschaulich. Lassen Sie sich anstecken von meiner Begeisterung, wozu unser Körper fähig ist!

Übrigens: Die zweite gute Nachricht ist, dass gesund zu essen in diesem Fall mit Genuss zu tun hat. Verzicht steht nicht auf der Tagesordnung. Das werden Sie spätestens sehen, wenn Sie den großen Rezeptteil durchblättern und die Gerichte ausprobieren. Die Erfahrung – und dazu zählt auch meine eigene – zeigt: Nur, wenn es richtig gut schmeckt und schon der Einkauf ein kulinarisches Erlebnis ist, gelingt es, dauerhaft neue Gewohnheiten zu etablieren.

7 JAHRE JÜNGER

Dass dieses Buch in Ihren Händen liegt, ist auf jeden Fall der erste Schritt in Ihr neues, vitales Leben. Und ich verspreche Ihnen: 7 Wochen schaffen Sie und vielleicht hängen Sie noch 7 Wochen dran, weil Sie sich einfach leichter, fitter und gesünder fühlen. Oder Sie behalten ein paar neue Gewohnheiten bei und legen nach einer kurzen Pause wieder los. Ihre Gesundheit wird es Ihnen danken. Denn bereits mit einem Durchlauf können Sie auf Ihr Lebenskonto 7 Jahre addieren und nach oben sind (fast) keine Grenzen gesetzt.

Ihr Sven Voelpel

Was wir von Oldtimern lernen können

Verzeihen Sie den Vergleich, natürlich möchte ich niemanden aus meiner Leserschaft mit einem Auto gleichsetzen, doch der Blick über den Tellerrand ermöglicht in diesem Fall einige sehr plakative Beispiele.

EIN FIAT 500 MIT STIL

Wie haben es einige Besitzer dieses liebenswerten Klassikers geschafft, ihn so zu erhalten, dass wir alle verzückt den Kopf verdrehen, wenn er uns zwischen den neuen großen SUVs und E-Autos auf der Straße begegnet? Sie sehen, die erste Erkenntnis ist: Alter und Schönheit schließen einander nicht aus. Aber es geht nicht nur ums Aussehen. Um Motor und Karosserie flott zu halten, haben die Besitzer in den vergangenen Jahren auf einiges geachtet.

ACHTSAM FAHREN

Ein Oldtimerbesitzer weiß, dass es nicht immer um Geschwindigkeit geht. Genauso sollten auch **wir unser Leben achtsam gestalten.** Indem wir im Alltag die Gänge nicht immer bis zum Anschlag ausfahren, geben wir unserem Körper die Möglichkeit, sich zu regenerieren. Ebenso sollten wir in unserer Lebensweise darauf achten, nicht immer mit höchster Geschwindigkeit durchs Leben zu rasen. Stress und Überarbeitung können uns vorzeitig altern lassen. Eine bewusste und achtsame Lebensweise gibt uns die Möglichkeit, den Moment zu genießen und unser Wohlbefinden zu steigern.

In diesem Buch geht es um gesunde Ernährung. Hier hat Achtsamkeit einen ganz besonderen Stellenwert. In unserem hektischen Alltag haben wir oft wenig Zeit und essen unüberlegt das, was uns gerade begegnet, beim Bäcker auf dem Weg nach Hause oder beim Imbissstand. Im Supermarkt greifen viele zu Tiefkühlpizza, wenn es spät geworden ist und keine Zeit zum Kochen bleibt. Und achten dabei gar nicht auf die Frage, was sich unser Körper gerade wünscht. Worauf haben wir wirklich Hunger und Appetit? Deshalb mein Rat: Gehen Sie achtsam einkaufen. Machen Sie vorher eine Liste mit den Dingen, die Sie für die Rezepte der nächsten Tage brauchen, und nehmen Sie sich Zeit zum Kochen.

NICHT ZU LANGE RUHEN

Steht der Fiat 500 monatelang in der Garage, setzt er Rost an. Seine Teile aus Kunststoff werden unbeweglich, brüchig und porös. Genauso – na ja fast – verhält es sich mit unserem Körper. **Regelmäßige Bewegung** ist der Schlüssel, um unsere Gelenke fit zu halten. Beim Walken, Yoga oder Radfahren fördern wir die Durchblutung und den Nährstofftransport zu den Gelenken. Das hält sie geschmeidig. Und der Griff zu den Turnschuhen kann noch viel mehr bewirken, um jung und fit zu bleiben, denn Bewegung:

- stärkt unser Herz,
- unterstützt die Gewichtskontrolle,
- stärkt das Immunsystem,
- verbessert die Stimmung,
- fördert die Knochengesundheit und
- steigert die Gehirnfunktion.

Also: Nichts wie raus aus der Garage!

RAUS AUS DER SONNE

Zu viel Sonneneinstrahlung setzt dem Fahrzeug zu. Es verblasst und verliert seinen Glanz. Ähnlich wirkt sich übermäßige Sonneneinstrahlung auf unsere Haut aus. UV-Strahlen beschleunigen den Alterungsprozess und verursachen Falten und Pigmentflecken. Schützen Sie Ihre Haut vor der Sonne, indem Sie passende Kleidung wie luftige Seide tragen, natürliches Sonnenschutzmittel verwenden, schattige Plätze aufsuchen, Mittagssonne vermeiden und eine gesunde Balance zwischen Sonnenlicht und Schutz finden.

REGELMÄSSIGE REPARATUREN

Ein Oldtimer benötigt regelmäßige Wartung und Reparaturen, um in bestem Zustand zu bleiben. Vergleichen lässt sich das **mit ausreichend gesundem Schlaf,** um unseren Körper zu warten. Während wir schlafen, durchläuft unser gesamter Organismus einen regenerativen Prozess, bei dem Wachstumshormone gebildet, Zellen entgiftet und repariert, Gewebe erneuert und Energiereserven aufgefüllt werden. Der Schlaf ist die Werkstatt für unseren Körper. Indem wir für ausreichend Zeit zum Erholen sorgen und einen gesunden Schlaf ermöglichen, tragen wir dazu bei, in Topform zu bleiben.

GEMEINSAM AUF TOUR

Allein unterwegs auf schönen Alleen und Panoramastraßen? Das macht nur halb so viel Spaß, wie gemeinsam oder noch besser in einer Gruppe Gleichgesinnter auf Tour zu gehen. Die Sozialepidemiologen Michael Marmot und Richard Wilkinson haben erforscht: Allein das Gefühl, zu einer Gruppe zu gehören, wirkt sich wie eine aktiv betriebene Gesundheitsvorsorge aus. Wer sehr alte Menschen fragt, worunter sie besonders leiden, hört oft: das viele Alleinsein. Aktive soziale Kontakte, das Pflegen von Freundschaften und das glückliche Genießen gemeinsamer Unternehmungen sind ein purer Jungbrunnen.

Das kann man wunderbar mit gesunder Ernährung kombinieren. Nehmen Sie sich Zeit, gehen Sie gemeinsam einkaufen. Sprechen Sie auf dem Wochenmarkt mit den Standbetreibern über Herkunft und Geschmack der Gemüsesorten, bedanken Sie sich dabei, und kochen Sie zusammen. Vor allem: Nehmen Sie sich Zeit, um in Gemeinschaft und Ruhe und mit Genuss gemeinsam zu essen.

Kräuter, Algen und Knollen sind die wahren Superhelden

Petersilie, Basilikum und Co. sind Vitamin-, Mineral- und Ballaststoffbooster. Mindestens 50 g pro Tag, am besten von möglichst vielen verschiedenen Sorten, bringen ein dickes Plus für unser Lebenskonto. Auch viele Algen und Knollen haben verjüngende Eigenschaften.

Denken wir einige Jahrhunderte zurück, als es noch keine weit verbreitete industrielle Nahrung, keine Fertiggerichte und Geschmacksverstärker gab. Letztere sind im Übrigen nicht förderlich, sondern – wie fast alle künstlichen Produkte – meist auch ungesund. Ich versuche, sie, wann immer es geht, zu vermeiden. Auch Salz war vor nicht allzu langer Zeit ein so kostbares Gut, dass es hinter Schloss und Riegel bewacht und teurer als Gold gehandelt wurde. Und das ist ein weiteres dickes Plus für die Gesundheit: Jedes Gericht kommt mit viel weniger Salz aus, wenn es mit Kräutern und Gewürzen verfeinert wird. Sie sind Hauptlieferanten für Geschmack, Vielfalt und auch für Vitamine, Mineral- und Ballaststoffe sowie Spurenelemente.

Manche Kräuter verfügen über spezifische natürliche Abwehrstoffe, um Fressfeinde fernzuhalten. Daher empfehle ich, möglichst viele verschiedene Kräuter zu essen und nicht zu viel von einer Sorte zu verwenden.

In unseren Breitengraden wachsen viele Verjüngungsschätze sogar direkt im Kräutergarten oder auf dem Balkon. Wenn Sie dort Platz für ein kleines Freibeet schaffen, haben Sie täglich Zugriff auf unbehandelte, biologische, frisch geerntete Aromabomben. Auf der Fensterbank wachsen viele Sorten im Topf auch das ganze Jahr.

GESCHMACK MIT HEILKRAFT

Bereits in der Antike wurden Kräuter nicht nur zum Kochen und Würzen verwendet. Ihre Heilkraft ist heute noch geschätzt und in weiten Teilen wissenschaftlich erwiesen. Um den Altersprozessen Einhalt zu gebieten, eignen sich zum Beispiel leckere Küchenkräuter wie Basilikum, Oregano, Rosmarin, Thymian und Salbei.

Diese sind besonders reich an Antioxidantien und bekämpfen so freie Radikale. Sie schützen also unsere Zellen. Basilikum enthält besonders viele Polyphenole, die Alterungsprozesse verlangsamen können. Salbei wirkt darüber hinaus besonders antiseptisch, fungizid sowie adstringierend, er hat also eine zusammenziehende, abdichtende Wirkung. Er hilft ebenso bei der Entgiftung des Körpers. Thymian enthält zudem Flavonoide, ätherische Öle und Phenolsäuren mit entzündungshemmender Wirkung.

KRAFT AUS DER KNOLLE

Ingwer, Knoblauch und Kurkuma sind intensive Gewürze, die Sie am besten mitkochen oder -schmoren. Sie verfeinern nicht nur Gemüse-

TIPP

Die meisten Kräuter finden selbst auf kleinen Balkonen Platz. Mit einigen Blumenkästen genießen Sie immer unbehandelte und frisch geerntete Kräuter. Besonders für unsere Breitengrade geeignet sind:

Pflanzen, die Halbschatten brauchen

- Petersilie
- Basilikum
- Bohnenkraut
- Minze
- Brunnenkresse

Pflanzen, die pralle Sonne vertragen

- Kapuzinerkresse
- Salbei
- Thymian
- Rosmarin
- Minze
- Majoran

Brunnenkresse Eines der gesündesten Lebensmittel überhaupt ist die Brunnenkresse. Die unscheinbare Heilpflanze erreicht in einer Studie auf 100 Kalorien 100 Prozent der empfohlenen Tagesdosis für 17 Nährstoffe. Brunnenkresse an einem schattigen bis halbschattigen Standort pflanzen – am besten in einer Wassertiefe von 5 cm bis 20 cm. Damit Brunnenkresse lange lebt, an offene Wasserfläche pflanzen. Auch dauerfeuchte Schlammbeete oder Wasserkübel sind geeignete Orte.

TIPP

Diese drei Mischungen geben besonders Gemüse-, Reis-, Couscous- und Kartoffelgerichten eine besondere Note. Aber auch Salate werden damit zu kleinen Aromawundern. Frische Kräuter immer erst kurz vor dem Anrichten fein wiegen und unterheben. Nie mitkochen, sonst verlieren sie viel von ihrer Nährstoffkraft und ihren ätherischen Ölen.

Italienische Note: 1 Bund Basilikum + je 1–2 Stängel Salbei, Rosmarin und Thymian

---

Asiatischer Style: ½ Bund Petersilie + ½ Bund Koriander, ½ Bund Minze und ein 3-cm-Stück Ingwer

---

Heimische Aromen: je 1 Bund Petersilie, Dill und Brunnenkresse

Brennnessel, Löwenzahn, Spitz- und Breitwegerich, die man auch als Laie ganz einfach mit einer Wildpflanzen-App bestimmen kann, aber auch Kräuter wie Basilikum, Majoran, Petersilie und Thymian und sogar Algen wie Chlorella und Spirulina wirken spürbar gegen die Übersäuerung des Körpers (siehe Seite 29). Diese Zutaten sind meine persönlichen Superhelden in der Küche. Mit je einem Teelöffel täglich veredeln sie viele Speisen oder Smoothies. Über das fertige Essen gestreut, bekomme ich so täglich ein Plus an essenziellen Nährstoffen und Proteinen.

gerichte und Suppen, sondern sind darüber hinaus besonders reich an Antioxidantien, wirken entzündungshemmend, verdauungsfördernd und blutdrucksenkend.

Heilende Knolle

Zwiebeln sind einerseits Bollwerke mit gesundheitsfördernden und verjüngenden Inhaltsstoffen, aber sie sind gleichzeitig hoch stimulierend für unser Nervensystem, was übrigens auch auf Knoblauch zutrifft. Deshalb sollten Sie diese beiden nicht täglich verzehren, sondern am besten, um bestehende Beschwerden zu lindern.

Studien haben gezeigt, dass die Flavonoide der Zwiebel, insbesondere Quercetin, wirkungsvolle Antioxidantien sind. Außerdem haben Zwiebeln entzündungshemmende Superkräfte. Ob Arthritis oder entzündliche Darmerkrankungen: Die in ihr enthaltenen Sulfide und Flavonoide können helfen, diese Beschwerden zu lindern. Roh oder schonend bei niedriger Hitze gegart, bleiben ihre Nährstoffe am besten erhalten.

ALGEN ALS VITALSTOFFLIEFERANT

Durch das Ergänzen von Chlorella, Spirulina und Seegras können Sie Salate, Suppen oder Smoothies noch gesünder machen. Chlorella und Spirulina haben positive Auswirkungen auf die Zellalterung, was an ihrer beeindruckenden Nährstoffzusammensetzung liegt. Beide enthalten eine Fülle von Antioxidantien wie Vitamin C, Vitamin E, Beta-Carotin und Phycocyanin, die dazu beitragen, schädliche freie Radikale zu neutralisieren und oxidativen Stress zu reduzieren. So werden Ihre Zellen vor Alterung geschützt.

Darüber hinaus enthalten Chlorella und Spirulina wichtige Nährstoffe wie Chlorophyll, Omega-3-Fettsäuren, Aminosäuren und Mineralien. Diese Nährstoffe unterstützen die Reparatur und den Aufbau neuer Zellen.

SEEGRAS: GESUNDHEIT AUS DEM MEER

Seegras, auch bekannt als Seetang oder Algen, hat in den vergangenen Jahren mein Interesse geweckt. Studien zeigen, dass Seegras eine wahre Schatzkammer an Vitalstoffen ist. Es liefert eine Fülle von Vitaminen, Mineralien und Antioxidantien, die unserem Körper guttun. Es ist reich an den Vitaminen A, C, E und K und vor allem an Mineralien wie Jod, Eisen, Calcium und Magnesium. Altersforscher und Anti-Aging-Athleten sind sich einig: Sie verzichten weitestgehend oder ganz auf Fleisch- und Fischprodukte – aus Überzeugung. Und obwohl sie in der Vergangenheit nicht vegan lebten, bestätigt sich, dass eine rein pflanzenbasierte Ernährung unseren Körper mit allen wichtigen Nährstoffen versorgt.

Seegras ist außerdem eine hervorragende Ballaststoffquelle, die unsere Verdauung in Schwung hält und uns beim Gewichtsmanagement unterstützt. Es enthält Antioxidantien, die unsere Zellen vor Schäden schützen und Entzündungen reduzieren können. Studien deuten auch darauf hin, dass Seegras einen positiven Einfluss auf den Cholesterinspiegel haben kann, indem es dabei hilft, den LDL-Cholesterinspiegel zu senken. Seegras können Sie in verschiedenen Formen wie getrockneten Blättern oder Pulver kaufen. Es passt wunderbar zu Gerichten wie Salate, Suppen und Sushi. Ich ergänze damit zum Beispiel viele meiner Gerichte inklusive Salatdressings.

VITAMIN- UND VITALSTOFF-BOOSTER AUS DEM MIXER

Nicht nur, wenn es schnell gehen muss, sind Gemüsesmoothies pure Energiequellen. Mit 10 g Kräutern verfeinert, werden sie zu tollen Vitaminlieferanten. Zu Apfel-Gurken-Smoothies passen zum Beispiel Minze und Petersilie, auch Basilikum und Ingwer geben eine tolle Note. Am besten experimentieren Sie mit Geschmack und Sorten, bis Sie Ihre Lieblingsmischung gefunden haben.

Mit Fasten die Lebensuhr zurückdrehen

Nicht nur gesunde Nahrung ist für unseren Alterungsprozess entscheidend. In den Pausen zwischen den Mahlzeiten unterziehen wir unsere Zellen einer wahren Verjüngungskur.

Sicher fragen Sie sich, warum eine Anleitung zum Nichtessen Teil eines Kochbuchs ist. Eines vorweg: Ich möchte Ihnen Genuss nicht untersagen. Im Gegenteil! Es ist wichtig, dass Sie sich wohlfühlen, gerade wenn es darum geht, neue Gewohnheiten einzuführen.

Genau deshalb lohnt es sich, nicht nur einen Blick darauf zu werfen, was wir essen, sondern auch darauf, wann wir essen.

ALTERUNGSPROZESSE UMKEHREN

Wenn wir unseren Körper längeren Esspausen aussetzen, geschieht etwas Erstaunliches: Überflüssige Bestandteile unserer Zellen werden recycelt, um Energie zu gewinnen. Man nennt diesen Vorgang Autophagie, ein Prozess, bei dem unsere Körperzellen gereinigt werden. Mitochondrien, die Kraftwerke unserer Körperzellen, haben eine begrenzte Lebensdauer und ihre Energieproduktion lässt im Laufe der Lebenszeit nach. Indem wir fasten, beginnt unser Körper, alte Mitochondrien zu verbrennen, also der Energiezufuhr zu opfern. Das Fantastische: Wenn wir dann wieder Nahrung zu uns nehmen, werden diese Teile durch neue ersetzt. Die Wissenschaft zeigt, dass durch die Reinigung der Zellen und den Aufbau neuer Mitochondrien beim Fasten sowohl die zelluläre Funktion als auch die Energieproduktion verbessert wird. Dieses Wissen wurde zum Beispiel bei Menschen genutzt, die nach einer COVID-19-Erkrankung mit wenig Energie zu kämpfen hatten.

HEILUNGSPROZESSE AKTIVIEREN

Das Fasten hat nicht nur Auswirkungen auf das Gewicht und unsere gesamten zellulären Prozesse. Es trägt auch dazu bei, dass wir uns jünger fühlen und die Telomere, die unsere Zellen schützen, sich nicht verkürzen, sondern länger bleiben. Für die Entdeckung der Telomere, der Schutzkappen der Erbgutträger, und des Enzyms Telomerase erhielten die Biologen Elizabeth Blackburn, Carol Greider und Jack Szostak 2009 den Medizin-Nobelpreis.

Es gibt viele biochemische Veränderungen, die durch das Fasten ausgelöst werden und innerhalb kürzester Zeit nachweisbar sind: Stoffwechselstörungen normalisieren sich, der Blutdruck zeigt bessere Werte, ebenso die Blutfette. Entzündungen werden gehemmt. Erstaunlich ist, dass wir diesen Weg im Alltag bisher nicht intensiver nutzen.

DAS WUNDER DER AUTOPHAGIE

Beim Fasten durchläuft unser Körper einen faszinierenden Prozess namens Autophagie. Dieser Mechanismus ermöglicht es unseren Zellen, beschädigtes oder unnötiges Zellmaterial abzubauen und zu recyceln. Durch die Entfernung von alten oder defekten Zellen entsteht Platz für die Bildung neuer, gesunder Zellen. Dieser erstaunliche Regenerationsprozess kann zu einer verbesserten Gewebereparatur und zur Verlangsamung des Alterungsprozesses führen. Studien haben gezeigt, dass das Fasten auch die Produktion von Wachstumshormonen steigert, die mit Zellerneuerung und Verjüngung in Verbindung gebracht werden.

Autophagie beginnt im Körper in der Regel nach etwa 12–16 Stunden des Fastens und nimmt mit zunehmender Fastendauer an Intensität zu. Das heißt, je länger man fastet, desto stärker werden die Zellerneuerung und die Beseitigung von beschädigten Zellbestandteilen.

Yoshinori Ōsumi, Nobelpreis-Gewinner von 2016, hat die Bedeutung der Autophagie für die Zellgesundheit entdeckt. Seine Forschung zeigt, dass der regelmäßige Abbau von beschädigten Zellen durch Fasten auch das Risiko altersbedingter Krankheiten wie Krebs, Alzheimer und Parkinson verringern kann.

FASTEN FÜR EIN GUTES GEDÄCHTNIS

Darüber hinaus hat das Fasten positive Auswirkungen auf das Gehirn. Es fördert die Produktion von Neurotrophinen, eines Proteins, das die Gesundheit und das Wachstum der Gehirnzellen unterstützt. Das kann zu einer verbesserten kognitiven Funktion, einem besseren Gedächtnis und einer Verringerung des Risikos neurodegenerativer Erkrankungen wie Alzheimer führen.

Stabiler Blutzuckerspiegel

Wie wichtig und gesundheitsfördernd es ist, den Blutzuckerspiegel nicht zu schnell ansteigen und wieder absinken zu lassen, beschreibe ich auf Seite 20. Mit der richtigen Ernährung können Sie schon viel tun, noch größer ist der Effekt, wenn Sie regelmäßige Esspausen einlegen. Untersuchungen zeigen, dass der Blutzuckerspiegel bei Menschen, die regelmäßig fasten, konstanter ist als bei Menschen, die über den Tag verteilt mehrere Mahlzeiten zu sich nehmen.

Wie funktioniert das? Wenn wir eine längere Esspause einlegen, sinkt der Insulinspiegel im Körper, was zur verbesserten Insulinsensitivität führt. Das bedeutet, dass der Körper effizienter auf Insulin reagieren kann und der Blutzuckerspiegel stabiler bleibt. Wenn eine hohe Insulinausschüttung ausbleibt, sind wir vor Heißhungerattacken und dem Gefühl, alle 2–3 Stunden wieder etwas snacken zu müssen, gefeit.

Jünger werden im Schlaf! Meine Erfahrung zeigt: Vielen Menschen fällt es leicht, das Frühstück wegzulassen. Versuchen Sie zum Start vielleicht, nicht vor 11:00 Uhr zu essen und auch nicht mehr nach 19:00 Uhr. Dadurch ist Ihr Organismus nachts nicht mit der Verdauung beschäftigt, Sie schlafen besser und fühlen sich morgens energiegeladen. Das 16:8-Fasten ist für viele ein guter Einstieg.

DIESE FASTENARTEN GIBT ES

Intermittierendes Fasten

16:8 Die häufigste Form des Intervallfastens und ein guter Einstieg: 8 Stunden am Tag essen, 16 Stunden fasten.

18:6 Intensives Intervallfasten: 6 Stunden essen, 18 Stunden fasten.

OMD „One meal a day" innerhalb von 1 Stunde, am sinnvollsten abends.

5:2 Hier essen Sie an 5 Tagen pro Woche, 2 Tage sind Fastenzeit.

Längere Fastenzeiten

Diese Form des **Heilfastens,** zum Beispiel das Buchinger-Heilfasten, ist auf einen Zeitraum von 5 bis 10 Tagen ausgerichtet. Dabei wird nicht komplett auf Nahrung verzichtet, sondern die Ernährung ist auf eine Kombination aus Wasser, Säften und Brühen reduziert. Nur auf feste Nahrung wird beim Heilfasten verzichtet. Wenn Sie über eine längere Fastenzeit nachdenken, sollten Sie das auf jeden Fall im Vorfeld mit Ihrem Arzt besprechen.

ERFAHRUNGSBERICHT „Als professioneller Life-Coach und Schmerzpatient weiß ich, wie entscheidend es ist, auf Kopf und Körper zu achten. Mein Coachingkonzept und die Jungbrunnen-Formel haben mir dabei geholfen, über meine Ziele hinauszuwachsen. Mit mittlerweile fast 60 Jahren kann ich sagen, dass ich erheblich leistungsfähiger bin als noch mit 30. Von wesentlicher Bedeutung ist in diesem Zusammenhang die Verbindung des intermittierenden Fastens mit der gezielten Einnahme von bioaktiven Vitalstoffen. Meine körperliche und geistige Belastbarkeit ist dadurch enorm gestärkt. Das Gefühl, tagtäglich all das tun zu können, was ich liebe, ist unbezahlbar. Das treibt mich an: bis zu meinem letzten Tag fit sein zu sein – für meine Liebsten. Letztes Jahr konnte ich einen der weltweit härtesten Ausdauerwettbewerbe – in offener Alterskategorie – gewinnen: den 24-Stunden-Treppen-Doppelmarathon. 84 km nur auf Stufen."

Horst Liebetruth, Erfinder und Markeninhaber des Vertical Marathons

Warum Pflanzen die besseren Lebensmittel sind

Die Wissenschaft hat in den vergangenen Jahrzehnten die verschiedensten Ernährungsformen intensiv erforscht. Hierbei standen besonders die Auswirkungen pflanzenbasierter Nahrung auf unsere Gesundheit im Fokus. Die Erkenntnisse sind beeindruckend.

IST VEGAN WIRKLICH GESÜNDER?

2019 wurde in einer Metastudie erforscht, was die Umstellung auf pflanzliche Ernährung bewirkt und welchen Einfluss sie auf unseren Körper haben kann. 27 internationale Studien wurden verglichen und ausgewertet. Und sie belegen: Die Umstellung auf rein pflanzliche Lebensmittel hat einen positiven Effekt auf Körpergewicht, Glukosewerte, Insulinwerte sowie entzündliche Marker. Der Langzeitmarker für den Glukosespiegel (HbA1c) verbessert sich ebenso wie die Cholesterinwerte.

Bei vergleichenden Ernährungsformen, zum Beispiel vegan, vegetarisch oder omnivor (das ist der Fachbegriff für die Ernährungsform, die alle Lebensmittel, also auch Fleisch, Fisch und Milchprodukte, beinhaltet), schnitt die Gruppe, die sich vegan ernährte, am besten ab. Ihre Werte verbesserten sich am deutlichsten.

Vegane Probanden mit Diabetes Typ 2 konnten sogar ihre Medikation reduzieren. Interessanterweise nahmen Diätprobanden bei gleicher Kalorienzufuhr und einer veganen Ernährung mehr ab als andere Kontrollgruppen. Auch ihre Entzündungswerte sanken am deutlichsten. Aber erst mal der Reihe nach.

Was bewirkt vegane Ernährung in unserem Körper?

Beginnen wir mit den positiven Eigenschaften der Pflanzen selbst. Keine andere Lebensmittelgruppe ist so reich an Vitaminen, Ballaststoffen, Vitalstoffen und Enzymen. Diese kommen den meisten unserer Stoffwechselprozesse zugute.

> Bei einer Umstellung auf vegane Ernährung zeigen sich bereits nach 24 Stunden erste positive Veränderungen der Darmflora. Nach 5 Tagen verbessern sich Stoffwechsel- und mikrobielle Aktivität unseres Darms signifikant.

Das Verhältnis zwischen guten und schlechten Bakterien im Darm verändert sich. Die mikrobielle Vielfalt der gesundheitsfördernden Bakterien steigt – und das ist nicht nur gut für die Verdauung, sondern auch für unser Immunsystem.

Stoffwechsel: Was heißt das überhaupt?

Das möchte ich Ihnen gern genauer erklären. Der Begriff „Stoffwechsel“ bezieht sich auf die Gesamtheit aller biochemischen Prozesse, die in unserem Körper stattfinden, um Nährstoffe aufzunehmen, zu verarbeiten und sie in Energie

DIE DARM-HIRN-ACHSE

Die Darm-Hirn-Achse ist der Kommunikationsweg, über den diese wichtigen Informationen zwischen Gehirn und Darm ausgetauscht werden.

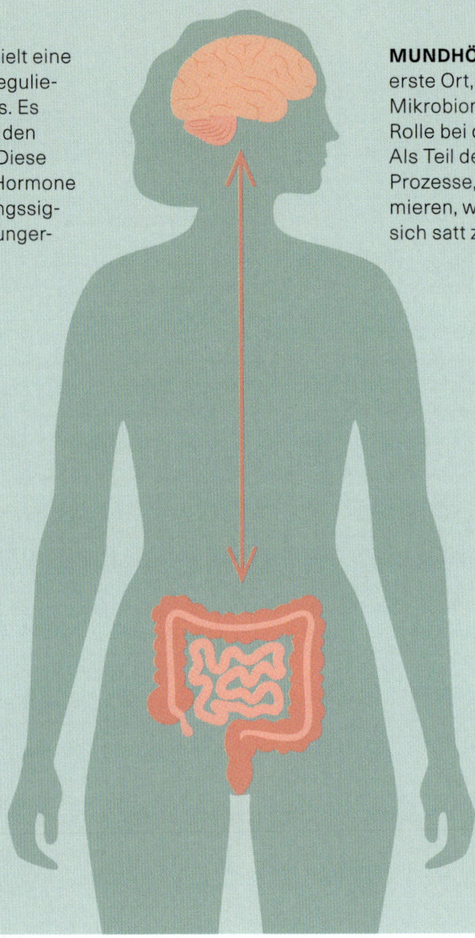

GEHIRN Das Gehirn spielt eine zentrale Rolle bei der Regulierung des Hungergefühls. Es sendet Signale aus, um den Darm zu beeinflussen. Diese Signale werden durch Hormone wie Leptin (das Sättigungssignal) und Ghrelin (das Hungerhormon) gesteuert.

MUNDHÖHLE Die Mundhöhle ist der erste Ort, an dem die Verdauung beginnt. Mikrobiome spielen eine entscheidende Rolle bei der Verarbeitung der Nahrung. Als Teil der Darm-Hirn-Achse steuern sie Prozesse, die das Gehirn darüber informieren, wann es Zeit ist, zu essen oder sich satt zu fühlen.

NEUROTRANSMITTER
Unsere Nahrung enthält winzige Bausteine, die der Körper in chemische Botenstoffe, sogenannte Neurotransmitter, umwandelt. Diese regulieren Körperfunktionen und Stimmungslage.

DARM Der Darm ist das Schlüsselorgan für die Immunabwehr, denn hier werden sogenannte Cytokine produziert, die bei einer Immunabwehr als Signalmoleküle für die Kommunikation zwischen Darm und Hirn fungieren.

MIKROORGANISMEN
Der Darm beherbergt eine vielfältige Gemeinschaft von Mikroorganismen. Über die Darm-Hirn-Achse können sie unsere Emotionen und unser Essverhalten beeinflussen. Ein ausgewogenes Darmmikrobiom ist wichtig für die Verdauung, unser emotionales Wohlbefinden und unseren Appetit.

umzuwandeln, zum Beispiel den Abbau von Nährstoffen wie Kohlenhydrate, Proteine und Fette, die Freisetzung von Energie, den Aufbau und die Reparatur von Geweben. Der Stoffwechsel reguliert eine Vielzahl von Vorgängen, ohne dass wir es merken, wie die Aufrechterhaltung der Körpertemperatur, das Wachstum und die Entwicklung, die Immunfunktion, die Hormonregulation sowie – und hier sind wir beim Thema „jung bleiben" – die Zellregeneration. Eine pflanzenbasierte Ernährung beflügelt den Stoffwechsel geradezu. Wie das geht? Einer der Effekte ist eine gesteigerte Kohlenhydratfermentation und eine verringerte Proteinfermentation. Klingt sehr wissenschaftlich, ist aber ganz einfach:

Kohlenhydratfermentation bezieht sich auf den Prozess, bei dem Kohlenhydrate, die in unserer Nahrung enthalten sind, von den Bakterien in unserem Darm abgebaut werden. Wenn wir eine pflanzenbasierte Ernährung mit reichlich Ballaststoffen konsumieren, bieten wir den Darmbakterien eine Fülle an Kohlenhydraten, die sie fermentieren können. Dabei produzieren sie verschiedene Stoffe, beispielsweise kurzkettige Fettsäuren, die unsere Darmzellen schützen, Entzündungen reduzieren und eine gesunde Darmflora fördern. Ein Beispiel für besonders ballaststoffreiche pflanzliche Nahrungsquellen sind Hülsenfrüchte wie Bohnen und Linsen (siehe Seite 18).

Auf der anderen Seite hat pflanzliche Ernährung eine verringerte **Proteinfermentation** zur Folge. Proteinfermentation ist der Prozess, bei dem die Bakterien im Darm Proteine abbauen und dabei verschiedene Stoffwechselprodukte, beispielsweise Ammoniak oder Schwefelverbindungen, produzieren. Es klingt genau, wie es ist: nicht gut. Denn eine hohe Proteinfermentation kann potenziell schädlich sein und mit unerwünschten Effekten wie einem Anstieg der Darmtoxizität oder einem erhöhten Risiko für einige Krankheiten verbunden sein. Durch den Konsum von pflanzlichen Proteinen, die beispielsweise in Hülsenfrüchten, Nüssen und Vollkornprodukten enthalten sind, halten wir die Proteinfermentation in Schach.

Tschüss, Heißhungerattacke!

Eine weitere positive Veränderung, die durch eine pflanzenbasierte Ernährung erreicht wird, betrifft die **appetitregulierende Wirkung von Darmhormonen.** Im Darm werden verschiedene Hormone produziert, die unser Appetitgefühl beeinflussen. Der hohe Ballaststoffgehalt sorgt dafür, dass wir länger satt sind. Unser Körper braucht länger, um Pflanzennahrung zu verdauen, der Blutzuckerspiegel steigt langsamer und wir fallen nicht in ein Zuckertief.

Helfer gegen Entzündungen

Werfen wir noch mal einen Blick auf die **entzündungshemmende** Wirkung der Ballaststoffe, die in pflanzlichen Lebensmitteln vorkommen. Wie funktioniert das genau?

Ballaststoffe dienen als Nahrung für nützliche Darmbakterien, die kurzkettige Fettsäuren produzieren. Und genau diese haben entzündungshemmende Eigenschaften. Außerdem bilden sie eine schützende Schicht im Darm und sorgen dafür, dass schädliche Stoffe schnell ausgeschieden werden, während die Darmwand geschützt wird. Auch andere gute Bakterien im Darm, die für eine gesunde Verdauung und ein starkes Immunsystem wichtig sind, ernähren sich von Ballaststoffen.

Wer sich pflanzenbasiert ernährt, hat den doppelten Effekt. Er nimmt nicht nur Lebensmittel in den Fokus, die entzündungshemmend wirken, sondern er lässt auch Nahrungsmittel weg, die die Entzündungswerte nachweislich erhöhen. Vor allem rotes Fleisch steht hier an der Spitze. Viele Herz-Kreislauf-Erkrankungen werden mit entzündlichen Prozessen im Körper in Verbindung gebracht, von denen wir leider oft gar nichts bemerken. Sie sind oft lediglich im Blut nachweisbar. Aber bewiesen durch aktuelle Studien ist inzwischen, dass ein niedriger Entzündungsindex durch die richtige Ernährung das Risiko von Erkrankungen wie Bluthochdruck positiv beeinflussen kann.

Was können Gemüse, Hülsenfrüchte, Nüsse und Co. noch?

Schonend zubereitet oder am besten roh sorgen vor allem Gemüse und Kräuter für einen wahren Vitalstoffboost. Im Vergleich zu anderen Ernährungsformen enthalten Pflanzen einen höheren Anteil an Magnesium, Eisen und Folsäure sowie den Vitaminen B_1, C und E.

Bei einer pflanzenbasierten Ernährung gibt es auf der Ebene der Makronährstoffe genau hier Unterschiede im Vergleich zu anderen Ernährungsformen. Besonders hervorzuheben sind die verschiedenen Arten von Fettsäuren. Diese Fettsäuren sind bei Pflanzen hauptsächlich einfach und mehrfach ungesättigt, während in tierischen Fetten und industrieller Nahrung mehr gesättigte und Transfette vorkommen. Einfach und mehrfach ungesättigte Fettsäuren sind als gesündere Fettquellen bekannt. Sie kommen in Nüssen, Samen, Avocados und bestimmten pflanzlichen Ölen vor. Diese Fettsäuren können helfen, den Cholesterinspiegel zu regulieren und das Risiko von Herzkrankheiten zu verringern.

Pflanzenbasierte Nahrung kann mehr, als den Körper jung und gesund zu erhalten

Ein ganz besonderer Effekt, wenn es ums Jungbleiben geht, wird ebenfalls gerade erforscht. Aktuelle Studien deuten darauf hin, dass ein niedriger Entzündungsindex direkt das gesunde Altern des Gehirns beeinflussen kann und das Demenzrisiko verringert.

Wo wir gerade beim Gehirn sind: Sogar unsere Stimmungslage hängt davon ab, was wir essen – wussten Sie das? Zwei Studien untersuchten, ob eine pflanzliche Ernährung zum Beispiel bei Angst, Stress oder depressiven Stimmungslagen hilft. Aktuelle Erkenntnisse deuten darauf hin, dass unsere Nahrung die Interaktionen zwischen dem Mikrobiom (unseren Darmbakterien), dem Darm und dem Gehirn beeinflusst. Es wird angenommen, dass die Darmbakterien bei pflanzlichen Nahrungsmitteln bestimmte neuroaktive Substanzen wie Dopamin und Serotonin freisetzen können. Die sorgen für gute Laune und mentale Energie.

Auch Menschen mit chronischen Krankheiten wie Migräne, Arthrose und multiple Sklerose profitierten von veganer Ernährung. Sowohl ihre Antikörperwerte als auch Symptome und Schmerzen verbesserten sich nach einer Ernährungsumstellung.

PFLANZENBASIERTE ERNÄHRUNG IST AUCH GUT FÜR UNSEREN PLANETEN. Es ist nicht mehr nur ein Nebenschauplatz, denn diese Form der Ernährung hat viele positive Auswirkungen auf unseren Planeten. Erstens trägt sie dazu bei, den ökologischen Fußabdruck zu reduzieren. Durch den Verzicht auf tierische Produkte verringert sich der Bedarf an Ackerland, Wasser und Energie, da die Produktion von pflanzlichen Lebensmitteln in der Regel effizienter ist. Zweitens trägt eine pflanzenbasierte Ernährung zur Verringerung von Treibhausgasemissionen bei, da die Tierhaltung eine bedeutende Quelle für klimaschädliche Gase wie Methan und Lachgas ist.

Drittens schützt diese Form der Ernährung die Artenvielfalt, da die Produktion von tierischen Produkten oft mit Entwaldung, Verlust der Lebensräume und Überfischung verbunden ist. Ressourcen werden effizienter genutzt, da pflanzliche Lebensmittel weniger Wasser, Futter und landwirtschaftliche Flächen benötigen. Das trägt dazu bei, eine umweltfreundlichere Zukunft für unseren Planeten zu schaffen.

ERFAHRUNGSBERICHT „Vor einigen Jahren verschlechterte sich mein Gesundheitszustand von Monat zu Monat. Ursache war mein Verdauungsapparat: Er hatte nach einer schweren posttraumatischen Belastungsstörung massive Schäden erlitten. Obwohl ich psychisch inzwischen vollkommen stabil war, ging es mir körperlich immer schlechter. Zahlreiche, teilweise jahrelange Behandlungen durch Ärzte, Physiotherapeuten, Osteopathen, Heilpraktiker und Heiler und auch der Besuch von Seminaren verschafften keine Linderung. Mein Magen-Darm-Trakt war völlig aus dem Gleichgewicht. Ich hatte schließlich Probleme beim Gehen und konnte die meiste Zeit nur im Liegen verbringen. Meinem Beruf konnte ich nicht mehr nachgehen und auch kleinste Alltagstätigkeiten fielen mir schwer.

Nach 6 Monaten Berufsunfähigkeit telefonierte ich mit Sven Voelpel. Er erarbeitete mit mir einen Plan, welche Lebensmittel ich wann essen und welche ich weglassen sollte. Damit war endlich der Grundstein zu meiner Genesung gelegt! Nach wenigen Tagen konnte ich wieder schmerzfrei Treppen steigen, eine Woche später 3 Stunden täglich arbeiten und nach 14 Tagen kehrte ich als Führungskraft in Vollzeit in meinen Beruf zurück. Ich war überrascht, wie schnell es mir besser ging!"

Elisabeth, Leiterin in der IT

Die Sache mit dem Insulin

Insulin ist ein Superhormon, wenn es darum geht, unseren Körper mit Energie zu versorgen, es spielt eine zentrale Rolle bei der Regulation des Energiestoffwechsels.

Von der Bauchspeicheldrüse produziert, ist Insulin für den Transport von Glukose (Zucker) aus dem Blut in die Zellen verantwortlich. Es ermöglicht unseren Zellen, Glukose als Energiequelle zu nutzen, und gleichzeitig reguliert es so auch den Blutzuckerspiegel.

GUT GEWAPPNET FÜR SCHLECHTE ZEITEN

Wenn der Körper jedoch mehr Glukose aufnimmt, als zur sofortigen Energiegewinnung benötigt wird, speichert er überschüssige Glukose in Form von Glykogen in der Leber und in den Muskeln. Das Problem: Die Speicherkapazität für Glykogen ist begrenzt. Wenn die Glykogenspeicher gefüllt sind und die Glukoseaufnahme weiterhin hoch ist, wird die überschüssige Glukose in Fettsäuren umgewandelt und in den Fettzellen gespeichert. So weit, so gut – ein genialer Coup für schlechte Zeiten! Früher war das überlebenswichtig, denn es stand nicht immer Nahrung zur Verfügung. Der raffinierte Prozess, mit Bildung von Fettzellen eine Art körpereigene Vorratskammer zu schaffen, wird als De-novo-Lipogenese bezeichnet.

Was passiert also, wenn über einen langen Zeitraum keine Hungerphasen eintreten, weil Nahrung immer, überall und eben im Überfluss zur Verfügung steht? Die Reserven werden weiter und weiter aufgebaut und wir nehmen Jahr für Jahr zu. Es kommt noch schlimmer, denn mit zunehmenden Lebensjahren sinkt der Energieverbrauch und so bringen wir selbst bei unveränderten Essgewohnheiten schleichend mehr auf die Waage.

DER TEUFELSKREIS DER EINFACHEN KOHLENHYDRATE

Nahrung ist nicht gleich Nahrung für unsere Insulinproduktion, das haben Studien weltweit inzwischen eindeutig bewiesen. Es gibt Nahrungsmittel, die die Insulinausschüttung rasant ansteigen lassen, andere langsamer. Was hat das zur Folge? Als Vergleich können Sie sich ein Lagerfeuer vorstellen: Trockene Hölzer mit niedrigem Brennwert lodern schnell auf und Sie haben sofort eine helle, kräftige Flamme. Aber nur für kurze Zeit, denn diese Hölzer brennen schnell runter und brauchen permanent Nachschub. Holz mit hohem Brennwert und Kohle brauchen länger, um auf Temperatur und eine gute Glut zu kommen, dafür geben sie über einen längeren Zeitraum Hitze ab.

Ähnlich ist es mit unseren Nahrungsmitteln. Besonders industriell gefertigte Nahrung, Zuckerhaltiges und Weißmehlprodukte sorgen für einen rasanten Anstieg des Insulins in unserem Blut. Das bringt im ersten Moment viel Energie, aber genauso schnell fällt der Insulinspiegel wieder ab und unser Körper sendet nur ein Signal: „Mehr davon bitte!" Die Heißhungerattacke.

Früher waren unsere Lebensmittel weniger verarbeitet und enthielten viel weniger Zucker. Und auch heute noch gilt: Vollkornprodukte, Selbstgekochtes, viele Gemüsearten und proteinreiche Nahrung lassen den Insulinspiegel langsam ansteigen. Wir sind einfach viel länger satt. Außerdem – und das ist der positive Effekt für ein längeres und gesünderes Leben – sind unverarbeitete, pflanzenbasierte Lebensmittel und Vollkornprodukte viel reicher an Vitalstoffen. Diese stecken – zum Beispiel bei Getreideprodukten und Reis – nämlich oft in der Schale. Ein weiterer Vorteil sind ihre Ballaststoffe. Sie halten nicht nur den Appetit im Zaum, sondern sind auch pure Medizin für unseren Darm. Dort sorgen sie für eine gesunde Flora und wirken entzündungshemmend.

GLYKÄMISCHER INDEX UND GLYKÄMISCHE LAST

Welche Lebensmittel die Insulinausschüttung befeuern und welche nicht, darüber gibt ihre sogenannte glykämische Last Auskunft. Was ist damit genau gemeint? Dazu möchte ich Ihnen zunächst den **glykämischen Index** erklären. Der glykämische Index (GI) ist ein Maß dafür, wie schnell und wie stark ein kohlenhydrathaltiges Lebensmittel den Blutzuckerspiegel ansteigen lässt. Er vergleicht den Effekt eines bestimmten Lebensmittels auf den Blutzucker mit dem Effekt einer Referenzsubstanz, in der Regel Glukose oder Weißbrot, die einen GI-Wert von 100 haben.

Lebensmittel mit einem niedrigen GI (unter 55) werden langsamer in Glukose umgewandelt und lassen den Blutzuckerspiegel langsamer ansteigen. Sie bewirken eine langsamere und stetigere Freisetzung von Energie. Beispiele für Lebensmittel mit niedrigem GI sind die meisten Gemüsesorten, Hülsenfrüchte wie Bohnen und Linsen, Vollkornprodukte wie Haferflocken und bestimmte Obstsorten wie Äpfel und Beeren.

Lebensmittel mit einem hohen GI (über 70) werden schnell in Glukose umgewandelt und lassen den Blutzuckerspiegel rasch ansteigen. Das führt zu einer schnellen Freisetzung von Energie, gefolgt von einem möglichen Energietief. Beispiele für Lebensmittel mit hohem GI sind weißes Brot, Kartoffeln, weißer Reis und zuckerhaltige Lebensmittel wie Limonade und Süßigkeiten.

DIE GLYKÄMISCHE LAST

Die glykämische Last (GL) wird berechnet, indem der glykämische Index (GI) eines Lebensmittels mit der Menge an Kohlenhydraten in einer Portion multipliziert und anschließend durch 100 geteilt wird. Die Formel zur Berechnung lautet:

GL = (GI × Kohlenhydratmenge) / 100

Hier ist eine Schritt-für-Schritt-Anleitung, um die glykämische Last selbst zu berechnen:

Bestimmen Sie den glykämischen Index (GI) des Lebensmittels. Sie können den GI-Wert in glykämischen Index-Tabellen oder Online-Datenbanken nachschlagen. Bestimmen Sie die Menge an Kohlenhydraten in einer Portion des Lebensmittels. Sie kann in Gramm angegeben sein. Informationen über den Kohlenhydratgehalt finden Sie auf Lebensmittelverpackungen, in Nährwerttabellen oder in Online-Datenbanken.

Multiplizieren Sie den GI mit der Kohlenhydratmenge und teilen Sie das Ergebnis durch 100, um die glykämische Last zu berechnen.

Beispiel Glykämische Last einer Portion Haferflocken

Der glykämische Index (GI) von Haferflocken ist 55.

Angenommen, eine Portion Haferflocken wiegt 50 g und enthält 30 g Kohlenhydrate.

Berechnung der glykämischen Last (GL):

GL = (GI × Kohlenhydratmenge) / 100
GL = (55 × 30) / 100
GL = 16,5

Die glykämische Last einer Portion Haferflocken beträgt also ungefähr 16,5.

Die Berechnung der **glykämischen Last** geht einen Schritt weiter: Sie bindet in ihre Berechnung die Portionsgröße – also das Gewicht einer durchschnittlichen Portion – ein. Klar zu verstehen, denn eine Portion Kartoffeln ist schwerer als eine Portion Reis. Das hängt mit der Dichte, dem Wassergehalt und den Essgewohnheiten zusammen, also der Menge, die für unsere Verhältnisse eine normale Portion ist.

LASSEN SIE UNS EINEN VERGLEICH BERECHNEN!

Ein Pastagericht eignet sich hierfür sehr gut. Was passiert, wenn wir bei einem Nudelgericht klassische Spaghetti durch die gleiche Menge Zucchini-Spirelli ersetzen?

VARIANTE A: ZUCCHINI-GEMÜSENUDELN

Schritt 1 Bestimmen Sie den glykämischen Index (GI) der Zucchini (15,0).

Schritt 2 Bestimmen Sie die Menge an KH in einer Portion Zucchini-Gemüsenudeln.
Zucchini haben nur 2 g KH-Anteil auf 100 g.
>> Portion von 150 g = 3 g KH

Schritt 3 Berechnen Sie die glykämische Last (GL) der Zucchini-Gemüsenudeln.
GL = (15 × 3) / 100 = **0,45**
Die glykämische Last liegt bei <1.

VARIANTE B: SPAGHETTI AUS HARTWEIZENGRIESS

Schritt 1 Bestimmen Sie den glykämischen Index (GI) von Spaghetti (51).

Schritt 2 Bestimmen Sie die Menge an KH in einer Portion Spaghetti.
Angenommen, eine Portion Spaghetti wiegt 150 g: 46,5 g KH.

Schritt 3 Berechnen Sie die glykämische Last (GL) der Spaghetti.
GL = (51 × 46,5) / 100 = 23,7
Die glykämische Last liegt bei 23,7.

Das ist etwa das 50-Fache. Der Blutzuckerspiegel wird bei den Zucchini-Gemüsenudeln minimal beeinflusst, während die klassischen Spaghetti zu einem stärkeren Anstieg führen. Allein durch den Ersatz von herkömmlichen Nudeln durch Gemüsenudeln können Sie also eine deutlich niedrigere glykämische Last erreichen und den Blutzuckerspiegel stabiler halten.

Noch eine gute Nachricht: Durch einen Mix mit gesunden Fettquellen, Ballaststoffen und pflanzlichen Proteinquellen können Sie den glykämischen Index Ihrer Mahlzeiten (Rezepte ab Seite 44) senken.

Die Wissenschaft hat das Thema in den vergangenen Jahren intensiv erforscht und erste Studien zeigen, dass eine Ernährung mit niedriger glykämischer Last viele vorbeugende Effekte hat. Eine groß angelegte Studie aus dem Jahr 2021 belegt zum Beispiel, dass Frauen, deren Ernährung eine sehr hohe glykämische Last aufweist, ein erhöhtes Risiko haben, an Brustkrebs zu erkranken. Auch das Risiko chronischer Schmerzen scheint damit im Zusammenhang zu stehen.

Der Meta-Ernährungscode macht sich dieses Wissen zunutze, denn alle Rezepte sind darauf ausgerichtet, durch eine möglichst niedrige glykämische Last den Blutzuckerspiegel nicht rasant ansteigen zu lassen.

Eine sehr umfassende Datenbank in englischer Sprache finden Sie hier:
www.glycemicindex.com/foodSearch.php

ERFAHRUNGSBERICHT „Als Typ-1-Diabetiker habe ich im Sport viel erreicht, das hat auch meine Ärzte begeistert. Einer meiner größten Erfolge: Ich wurde deutscher Meister im Bodybuilding. Schon früh habe ich gemerkt: Was ich esse, beeinflusst in hohem Maß mein Leistungsniveau, meinen Erfolg und mein gesundes Lebensgefühl. Hier achte ich besonders auf Lebensmittel mit einer niedrigen glykämischen Last. Ich merke sofort, wenn ich etwas esse, was mir nicht guttut. Als Experte für Ernährung und Typ-1-Diabetiker weiß ich, was Ernährung bewirken kann. Mit dem Meta-Ernährungscode fasst Prof. Dr. Voelpel aktuelles Wissen zusammen und bringt es praxisnah in die Küche. Genial!"
André Volkmann

Lebensmittel und ihre glykämische Last

(KH/100)

Gemüse und Salate

Aubergine	<1	🟢
Avocado	<1	🟢
Blumenkohl	<1	🟢
Brokkoli	<1	🟢
Champignons	<1	🟢
Chicorée	<1	🟢
Endivie	<1	🟢
Erbsen, frisch	5	🟢
Feldsalat, Rapunzel	<1	🟢
Fenchel	<1	🟢
Frühlingszwiebel	1	🟢
Gurke	<1	🟢
Karotte, gekocht	8	🟢
Karotte, roh	3	🟢
Salzkartoffeln	10	🟢
Knoblauch	9	🟢
Kohlrabi	<1	🟢
Kürbis	4	🟢
Maiskolben	14	🟡
Maiskörner (Dose)	8	🟢
Mangold	<1	🟢
Paprika	<1	🟢
Pastinake	10	🟢
Porree/Lauch	<1	🟢
Rosenkohl	1	🟢
Rote Bete, gekocht	3	🟢
Rote Bete, roh	2	🟢
Rotkohl	<1	🟢
Salat, grün	<1	🟢
Sauerkraut	<1	🟢
Sellerie, roh	3	🟢
Spargel	<1	🟢
Spinat	<1	🟢
Süßkartoffel	12	🟡
Tomate	<1	🟢
Tomate, getrocknet	4	🟢
Zucchini	<1	🟢
Zwiebeln	<1	🟢

Hülsenfrüchte

Bohnen, grün	2	🟢
Bohnen, rot	6	🟢
Bohnen, schwarz	15	🟡
Bohnen, weiß, gegart	7	🟢
Dicke Bohnen, gekocht	9	🟢
Edamame	1	🟢
Erbsen, getrocknet	13	🟡
Kichererbsen (Dose)	4	🟢
Kichererbsen, getr.	14	🟡
Kichererbsenmehl	21	🔴
Linsen, braun	12	🟡
Linsen, grün	10	🟢

Brot, Getreide, Nudeln, Reis

Baguette	39	🔴
Brezel	56	🔴
Brötchen	39	🔴
Dinkelbrot	19	🟡
Haferkleiebrot	28	🔴
Knäckebrot	41	🔴
Milchbrötchen	33	🔴
Pumpernickel	20	🔴
Roggenbrot	19	🟡
Bulgur, gekocht	38	🔴
Couscous	46	🔴
Haferflocken	24	🔴
Hirse	48	🔴
Maisbrei, Polenta	20	🔴
Pasta-Spaghetti	41	🔴
Quinoa	21	🔴
Stärke, modifiziert	100	🔴
Weizenmehl (Type 405)	61	🔴
Basmatireis	14	🟡
Brauner Reis	16	🟡
Klebreis/Sushi-Reis	17	🟡
Langkornreis	16	🟡
Naturreis, parboiled	15	🟡
Risotto	24	🔴
Weißer Reis	15	🟡

Milchersatz

Haferdrink	18	🟡
Kokosmilch	2	🟢
Kokosjoghurt	1	🟢
Mandeldrink	2	🟢
Sojadrink	<1	🟢
Sojajoghurt Natur	<1	🟢
Sojasahne	2	🟢

🟢 Sehr empfehlenswert, langsamer und geringer Anstieg des Blutzuckers.
🟡 Okay, aber besser nicht ständig, täglich und unbegrenzt essen.
🔴 Schneller, deutlicher Anstieg und dann Abfall der Blutzuckerwerte. Das führt zu vermehrtem Heißhunger.

Nüsse, Kerne, Samen

Cashew	5
Erdnusskerne	1
Kokosnuss	2
Kürbiskerne	4
Leinsamen, Sesam	1
Mandelmus	1
Mandelkerne	<1
Maronen	26
Nüsse, allgemein	2
Pinienkerne	1
Pistazien	3
Sesammus (Tahin)	4
Sonnenblumenkerne	7

Obst

Ananas, frisch	6
Apfel, frisch	4
Apfelsine, Orange	4
Aprikose, frisch	3
Banane	12
Birne, frisch	3
Brombeeren	2
Erdbeeren, frisch	1
Feige, frisch	5
Granatapfel, frisch	6
Grapefruit, frisch	2
Heidelbeeren	2
Himbeeren, frisch	2
Johannisbeeren	1
Kirschen	3
Kiwi	5
Mandarine, Clementine	3
Mango	7
Melone, Honigmelone	5
Mirabelle	6
Nektarine	4
Papaya	4
Pfirsich, frisch	4
Pflaume, frisch	4
Rhabarber	<1
Stachelbeeren	3
Wassermelone	4
Weintrauben	8
Zitrone	1

Trockenobst

Apfel, getrocknet	26
Aprikose, getrocknet	19
Dattel, getrocknet	66
Feige, getrocknet	28
Pflaume, getrocknet	27
Rosinen	50

Snacks und Süßigkeiten

Kartoffelchips	29
Pommes frites	33
Schokolade (> 85 %)	6
Butterkeks	40
Cracker	37
Pfannkuchen	48

Verschiedene

Essig	<1
Ketchup	13
Seitan	7
Senf, mittelscharf	2
Senf, süß	17
Sojatexturat	5
Tempeh	2
Tofu Natur	<1

Honig, Sirup, Zucker

Agavensirup	10
Ahornsirup	44
Haushaltszucker	65
Honig	49
Reissirup	98
Rohrzucker	70
Traubenzucker	100

Alkoholfreie Getränke

Apfelsaft, ungezuckert	6
Karottensaft	3
Multivitaminsaft	5
Orangensaft, ungez.	5
Tomatensaft	1

Käse

Hartkäse, Schnittkäse	<1

Fisch

Fisch	0

Fleisch

Fleisch, Wurstwaren	<1

Eier

Hühnerei	<1

Milchprodukte

Joghurt 1,5 %, fettarm	1
Joghurt 3,5 %, Vollmilch	2
Milch	2

Mehr als lecker: was funktionale Gewürze noch können

Sie veredeln nicht nur unsere Lieblingsgerichte, Gewürze haben ähnlich wie Kräuter eine lange Geschichte in der Heilpflanzenkunde. Und sie können einiges tun, um unser Altern zu verlangsamen. Lange Zeit wurden sie wenig beachtet, aber in den vergangenen Jahren hat die Wissenschaft intensiv geforscht und große weltweite Metastudien belegen: Gewürze sind starke Helfer, um der Zellalterung ein Schnippchen zu schlagen.

Die Geschichte der Gewürze reicht bis in die Antike zurück, ganze Handelsrouten und -imperien entstanden seit der Entdeckung exotischer Gewürze. Heute können wir uns kaum vorstellen, dass Menschen ihr Leben riskierten, um per Schiff Zimt aus fernen Ländern nach Venedig zu verschiffen. Und dass einige Gewürze neben Gold, Seide und Edelsteinen lange Zeit zu den wertvollsten Handelsgütern der Welt gehörten. Noch bis ins 15. Jahrhundert waren Gewürze wie Nelken, Ingwer und Muskatnuss für die Normalbevölkerung unerschwinglich und wurden weniger zum Würzen und Verfeinern von Speisen eingesetzt, sondern vor allem zur Versorgung von Wunden sowie zur Heilung und Linderung von Krankheiten, ja, sogar gegen die Pest.

In Deutschland bauten vor allem die Benediktiner Gewürz- und Heilkräuter in den Klostergärten an und trugen zum Wissen der Klostermedizin als Vorreiter der Medizin und des Gesundheitswesens bei. Und wussten Sie, dass kein anderer als Karl der Große den Anbau von Kräutern verordnete? Weitergeführt hat diese Tradition Hildegard von Bingen, deren Heilwissen noch heute angewendet wird.

FUNKTIONALE GEWÜRZE HEUTE

Heute lieben wir Gewürze in der Küche und sie leisten neben ihren geschmacklichen Vorzügen fast nebenbei ihren verjüngenden Beitrag zu unserer Gesundheit. Viele sogenannte funktionale Gewürze sind effiziente Helfer bei der Verteidigung des Körpers gegen Bakterien, Viren und Pilze. Auch in niedriger Dosierung können bestimmte Gewürze heilende und reparierende Prozesse in unserem Körper anregen, ja, sogar den Alterungsprozess aufhalten.

In einer Studie aus dem Jahr 2018 konnte gezeigt werden, dass besonders schwarzer Pfeffer mit seinem Wirkstoff Piperin entzündungshemmende und antioxidative Eigenschaften besitzt. Weitere Studien haben die gesundheitlichen Vorteile von Kurkuma nachgewiesen, die ebenfalls antioxidative, entzündungshemmende und möglicherweise sogar krebshemmende Eigenschaften aufweist.

Für den Meta-Ernährungscode sind besonders die folgenden Gewürze von Bedeutung:

1. **CAYENNE**
2. **KURKUMA**
3. **SCHWARZER PFEFFER**
4. **ZIMT**

1. CAYENNE

- Antioxidativ
- Entzündungshemmend
- Durchblutungsfördernd
- Appetitsenkend
- Cholesterinsenkend

Cayenne, aus gemahlenen roten Chilischoten gewonnen, enthält Capsaicin. Dieses wirkt als Antioxidans und hilft dabei, freie Radikale im Körper zu bekämpfen, die Zellschäden verursachen können. Ein bisschen Schärfe kann also unsere Zellen vor oxidativem Stress schützen. Studien haben zudem eine entzündungshemmende Wirkung gezeigt. Capsaicin kann also helfen, Entzündungen im Körper zu reduzieren, und damit der Zellalterung entgegenwirken.

Das haben Sie sicher schon selbst erlebt, wenn es scharf wird: Cayenne kann die Durchblutung verbessern, indem es die Blutgefäße erweitert und den Blutfluss fördert. Uns wird warm. Und nicht nur das: Eine gute Durchblutung ist wichtig für die Nährstoffversorgung der Zellen und die Zellregeneration. Spannender Effekt: Capsaicin im Cayenne kann den Stoffwechsel anregen und den Appetit reduzieren.

Eine aktuelle Studie belegt: Cayenne kann das LDL-Cholesterin (das schlechte Cholesterin) signifikant senken.

2. KURKUMA

- Antioxidativ
- Entzündungshemmend
- Cholesterinsenkend
- Blutdrucksenkend
- Entlastet die Leber
- Schützt unser Gehirn vor dem Altern
- Blutzuckerstabilisierend

In den vergangenen Jahren gab es viele beeindruckende Forschungsergebnisse zu der gelben Knolle, deren Verwendung in der ayurvedischen Heilkunde eine lange Tradition hat.

Die entzündungshemmende und antioxidative Wirkung dieses Gewürzes ist seine stärkste Kraft. Studien belegen, dass Curcumin, der aktive Bestandteil von Kurkuma, die Insulinsensitivität verbessern kann und so den Blutzuckerspiegel kontrolliert. Es unterdrückt die Bildung von Fettgewebe und reduziert erhöhten Blutdruck. Es hilft, den Triglycerid- und Cholesterinspiegel zu senken und erhöht das gute Cholesterin. Darüber hinaus wurde eine Abnahme eines Markers beobachtet, der unser Gehirn altern lässt, und auch unsere Leber kann es vor Schäden schützen.

3. SCHWARZER PFEFFER

- Antioxidativ
- Entzündungshemmend
- Blutzuckerregulierend
- Stimuliert das Immunsystem
- Antibakteriell
- Schützt die Gehirnzellen

TIPP

Piperin des schwarzen Pfeffers kann die Bioverfügbarkeit, also die Aufnahme des Curcumins in Kurkuma, um das 20-Fache erhöhen. Eine perfekte Kombination!

In Südostasien hat Pfeffer eine lange Tradition, nicht nur zum Würzen und Konservieren von Speisen, sondern auch in der Heilkunde. In Europa wurde er im Mittelalter sogar im Kampf gegen schlimmste Krankheiten wie Pest und Cholera empfohlen. Damals konnte man seine heilende und vor allem schützende Wirkung wissenschaftlich noch nicht belegen, heute kann man das. In den vergangenen Jahren wurde das zum normalen Küchengewürz degradierte Korn intensiv erforscht. Besonders der Wirkstoff Piperin hat in klinischen Studien gezeigt, dass Pfeffer bemerkenswerte Eigenschaften hat. Zum einen wirkt er antioxidativ, was bedeutet, dass er schädliche freie Radikale bekämpfen kann. Piperin wirkt entzündungshemmend und auch unser Immunsystem wird stimuliert. Studien haben gezeigt, dass Piperin das Wachstum von verschiedenen Mikroorganismen hemmen kann. Es wirkt gegen Pilze wie Candida und bestimmte Bakterien. Piperin kann sogar die Wirkung von Antibiotika verstärken, um gefährliche Bakterien zu bekämpfen. Ein spannender Fakt für unser Gehirn: Piperin hat positive Auswirkungen auf die Gesundheit unseres Gehirns gezeigt. Es kann die Zellgesundheit verbessern und die Funktion der Mitochondrien, der Energiekraftwerke der Zellen, wiederherstellen. Dadurch bietet es Schutz vor neurotoxischen Substanzen, die mit Erkrankungen wie Parkinson und Alzheimer in Verbindung gebracht werden.

4. ZIMT

- Antioxidativ
- Entzündungshemmend
- Blutzuckerregulierend
- Stimuliert unser Immunsystem
- Antibakteriell
- Schützt unser Gehirn
- Verdauungsanregend
- Cholesterinsenkend

Zimt trägt bei süßen Gerichten dazu bei, dass wir weniger Zucker benötigen oder sogar ganz darauf verzichten können. Versuchen Sie doch mal, Ihr Frühstücksmüsli nur mit einer Prise Zimt zu würzen (siehe Seite 49). Zimt besitzt eine Vielzahl gesundheitsfördernder Eigenschaften, darunter auch potenzielle Vorteile für die Gehirnleistung. Neueste Forschungsergebnisse legen nahe, dass Zimt vor Krankheiten wie Alzheimer und Demenz schützen kann, indem es das Zellwachstum fördert und die Ablagerungen von schädlichen Proteinen reduziert.

Ratsam ist, hier auf Qualität zu achten. Der meist industriell verwendete Cassiazimt enthält viel Cumarin, das die Leber schädigen und krebserregend wirken kann. Verwenden Sie stattdessen hochwertigeren Ceylonzimt in angemessenen Mengen (maximal 1 g täglich), um mögliche Überdosierungen zu vermeiden.

TIPP

Um die Wirkung von Zimt zu untersuchen, hat ein Team der Birjand University of Medical Sciences im Iran 2021 über 2.600 Studien weltweit untersucht. In ihrer Metastudie wird deutlich: Zimt hat tatsächlich eine messbare Wirkung auf die kognitiven Fähigkeiten des Menschen. Die Studie gibt Hinweise darauf, dass Zimtbestandteile Zellwachstum und Zelllebensfähigkeit erhöhen können. Auch Ablagerungen von Tau-Proteinen und Beta-Amyloid-Proteinen können sie in Schach halten. Sie werden mit der Entstehung von Alzheimer und Demenz in Verbindung gebracht.

Alles eine Frage der Balance

Der pH-Wert ist ein entscheidender Faktor – nicht nur für unseren Körper, auch für das Leben auf der Erde spielt er eine große Rolle.

UNSER KÖRPER: EIN CHEMIELABOR

Unserem Körper geht es gut, wenn das Blut einen pH-Wert von etwa 7,4 aufweist. Das gilt aber zum Beispiel nicht für den Magen, dort geht es um einiges saurer zu, denn die Magensäure hat einen pH-Wert von 2 bis 3,5.

Aber lassen Sie uns das in einem größeren Kontext betrachten: Der pH-Wert der Ozeane ist wichtig, um Fische und Korallenriffe am Leben zu erhalten, der pH-Wert des Ackerbodens beeinflusst den Mineralgehalt der Pflanzen und somit auch unsere Nahrung.

Mit Beginn der Landwirtschaft vor etwa 10.000 Jahren und der späteren Industrialisierung vor 200 Jahren hat sich das Verhältnis von Kalium zu Natrium in unserer Ernährung drastisch verändert. Früher hatten wir ein Verhältnis von 10 zu 1, während es heute eher 1 (Kalium) zu 3 (Natrium) beträgt. Darüber hinaus ist unsere moderne Ernährung oft arm an wichtigen Nährstoffen wie Magnesium, Kalium und Ballaststoffen (siehe Seite 17), während sie reich an gesättigten Fetten, einfachen Zuckern, Natrium und Chlorid ist. Diese Veränderungen unserer Ernährung können zu einer Übersäuerung des Körpers führen. Hinzu kommt, dass, je älter wir werden, die Fähigkeit unserer Nieren abnimmt, den Säure-Basen-Haushalt zu regulieren.

WIE WIR WIEDER MEHR BASEN IN UNSER LEBEN BRINGEN

Die gute Nachricht ist: Wir können mit Auswahl der richtigen Lebensmittel das Säure-Basen-Verhältnis positiv beeinflussen. Der Meta-Ernährungscode berücksichtigt das und hat alle Rezepte (ab Seite 44) so konzipiert, dass sie basisch sind, also unseren Körper nicht übersäuern.

Deckungsgleich zu den Kapiteln, in denen ich Ihnen bereits beschrieb, was pflanzenbasierte Ernährung alles bewirken kann (siehe Seite 15), gilt auch hier: Besonders sauer sind vor allem Fleisch- und Milchprodukte, während die meisten Gemüse- und auch Obstsorten basisch sind.

PH

Der pH-Wert ist eine Skala, die den Säure- oder Alkaligehalt einer Substanz misst. Die Skala reicht von 0 bis 14, wobei 7 als neutraler pH-Wert betrachtet wird. Werte unter 7 zeigen an, dass die Substanz sauer ist, Werte über 7 sind alkalisch (basisch).

Mein persönlicher Nummer-eins-Jungbrunnentipp: Vitalstoffe

Mir ist weltweit kein einziger Altersforscher bekannt, der auf die Einnahme von Vitalstoffen und Nahrungsergänzungsmitteln verzichtet. Bei aller, oft auch gerechtfertigten Skepsis gilt das auch für mich.

So sieht beispielsweise mein persönliches Morgenritual aus: In weniger als 3 Minuten, ähnlich wie Zähneputzen, nehme ich täglich meine Mikronährstoffe auf. Sie sind für mich die effizienteste und effektivste Möglichkeit, dem Alter ein Schnippchen zu schlagen. Nehme ich Vitalstoffe als erste „Mahlzeit" zu mir, werden diese am besten aufgenommen. Ersetze ich die erste Mahlzeit morgens durch die Vitalstoffgabe, habe ich zudem den Vorteil, dass ich trotzdem in der Autophagie bleibe. Die Menge der aufgenommenen Kohlenhydrate sollte dabei 4 g nicht überschreiten. Kombiniere ich meine Vitalstoffe mit Ballaststoffen und gesunden Ölen wie Leinöl werde ich sogar satt. Mit ganz wenig ungesüßter Mandelmilch, Gewürzen wie Lebkuchengewürz, Anis, Zimt und Stevia wird die Vitalstoffmischung für mich zu einer leckeren Mahlzeit.

Früher nahm ich für die bessere Aufnahme zu Beginn des Essens über 100 einzelne Nahrungsergänzungsmittel (NEM). Bis ich diese zusammengestellt hatte, war meine Familie bereits mit dem Essen fertig. Allerdings waren Wechselwirkungen und Überdosierung von zum Beispiel Vitamin A schwer zu kontrollieren. Isolierte Wirkstoffe können auch negativ wirken, wenn wie in der natürlichen Nahrung die Gegenspieler fehlen. Der Einfachheit halber greife ich heute oft zu durchdachten Kombinationsprodukten, die auf eine gute Bioverfügbarkeit und hohe Wirksamkeit hin entwickelt wurden. Erhältlich sind diese in guter Qualität in Reformhäusern und Apotheken.

MEINE JUNGBRUNNEN-VITALSTOFFE

Folgende Vitalstoffe nehme ich zur Ergänzung des Meta-Ernährungscodes persönlich täglich.

Morgens vor dem Essen beziehungsweise als erste „Mahlzeit":

Vitalstoffmischung, die 100 Prozent des täglichen Bedarfs an **Vitaminen, Mineralien und Enzymen** deckt. Sie enthält eine Phytonährstoffkombination aus 55 Obst- und Gemüsesorten, Kräutern, Algen, Pilzen, Pflanzenenzymen sowie Präbiotika (Laktobakterien) und Probiotika, basische Salze und etwa 50 Prozent Ballaststoffe.

Morgens und abends zusätzlich:

- Antioxidantien (OPC-Traubenkernextrakt, Kiefernrinden mit Bioflavonoiden)
- Hochqualitative Algen- und Fischöle
- Vitamin C: Das Allroundgenie ist an den meisten Stoffwechselprozessen beteiligt.
- Unsterblichkeitspilz: Reishi („glänzender Lackporling", Ganoderma lucidum), Jungbrunnen und König unter den Heilkräutern

Mir ist kein Altersforscher und vor allem kein Anti-/Re-Aging-Athlet oder -Experte bekannt, der nicht supplementiert. Vitalstoffe sind der Verjüngungsturbo – auch für mich!

(siehe Seite 34). Pulver und Extrakt, kombiniert mit natürlichem Vitamin C, sorgen für eine bessere Bioverfügbarkeit.

- Ubiquinol wirkt noch besser als Coenzym Q10 (Ubiquinon), denn es wird besser resorbiert.

Abends zusätzlich:

- Astragaluswurzelextrakt (Astragalus membranaceus) und Tragantwurzelextrakt (eines der bekanntesten Adaptogene der Traditionellen Chinesischen Medizin (TCM) zur Aktivierung der Telomerase und Verlängerung der Telomere der DNA, unseres Erbguts.)
- Magnesium und Calcium (2:1) und ggf. veganes Proteinpulver für Entspannung und besseren Schlaf. Hier helfen auch Hopfen, Baldrian, Melisse, Lavendel und Ashwagandha.

VITALSTOFFE UND AUTOPHAGIE

Beide sind in der Kombination besonders wirksame Stellhebel, um den Alterungsprozess zu verlangsamen. Insbesondere bei Zeitfenstern, in denen keine Kalorien aufgenommen werden, ist es wichtig, ausreichend mit Mikronährstoffen versorgt zu sein, denn einige essenzielle Vitalstoffe wie Vitamin C bleiben nur wenige Stunden in der Blutlaufbahn wirksam. Deshalb empfiehlt sich eine über den Tag verteilte Einnahme, am besten morgens und abends.

QUALITÄT IST ESSENZIELL

Immer wieder werden Studien zitiert, in denen NEM nicht wirken oder durch falsche Dosierung sogar ein Risiko von negativen gesundheitlichen Auswirkungen haben. Das ist richtig, denn auch in der NEM-Industrie gibt es schwarze Schafe und leider neigen viele Menschen dazu, es zu übertreiben. Hier gilt: Wissen wirkt Wunder und Hinweise müssen beachtet werden. Deshalb sind die folgenden Kriterien zur Prüfung der Qualität von NEM hilfreich. Achten Sie auf:

- Natürliche Quellen und Inhaltsstoffe
- Kaltherstellungsverfahren
- Kombinationsprodukte mit guter Bioverfügbarkeit
- Enthaltene sekundäre Pflanzenstoffe, Enzyme, Ballaststoffe, pro- und präbiotische Bakterien
- Verzicht auf chemische Zusatzstoffe
- Kontrollierten Anbau
- Seriöse namhafte Hersteller ohne Abnahmeverpflichtung
- Umtauschmöglichkeit bei Unverträglichkeiten (Geld-zurück-Garantie)

INFO

Konsultieren Sie vor der Einnahme von NEM Ihren Arzt, besonders wenn Sie Vorerkrankungen haben oder parallel Medikamente einnehmen.

Sprossen – gesunde Powerpakete

Wenn Pflanzensamen keimen, stellen sie ein Riesenpaket an Nähr- und Abwehrstoffen für die neue Pflanze bereit, damit diese sicher und gut wachsen kann. Das können wir auch auf unserem Teller nutzen. Besonders die sogenannte enzymatische Aktivität der Sprossen leistet einen Beitrag zur Reparatur und Erneuerung der Zellen.

AUCH PFLANZEN SIND GUTE ELTERN

Um zu erklären, warum Sprossen so geniale Nahrungshelden sind, müssen wir verstehen, was passiert, wenn ein Samenkorn zu keimen beginnt: Beim Keimen werden zum Beispiel Enzyme aktiviert und die Sprossen bauen Nährstoffe aus dem Samen in Wachstumsstoffe um. Gleichzeitig erhöht sich die Bioaktivität der Pflanze, unser Körper kann die Vitalstoffe besser aufnehmen. Keimprozesse können auch die Konzentration bestimmter Nährstoffe und bioaktiver Verbindungen erhöhen, wie Vitamin C, Vitamin K, Folsäure und sekundäre Pflanzenstoffe. Dieser Mix macht sie zu kleinen Vitalstoffboostern.

Bestens gewappnet gegen Feinde

An der Universität Heidelberg wurde nachgewiesen, dass die Abwehr- und Schutzmechanismen von Brokkolikeimen sogar das Wachstum von aggressiven Krebszellen hemmen. Wenn ein Brokkolisamen keimt, bildet er Senföle, sogenannte Sulforaphane. Diese Senföle wirken wie ein natürliches Antibiotikum. Sie halten der Pflanze Pilze und Bakterien vom Leib und ihre scharf-bittere Note hält Raupen und Schnecken fern.

Die gesunden Sulforaphane sind in vielen Kreuzblütern wie Rucola, Radieschen und Kresse enthalten, in Sprossen ist ihre Konzentration besonders hoch.

DIESE SPROSSEN SIND BESONDERS GESUND:

- Alfalfa-Sprossen
- Brokkoli-Sprossen
- Brunnenkresse-Sprossen
- Gartenkresse-Sprossen
- Rettich-Sprossen
- Rote-Bete-Sprossen
- Senf-Sprossen

SPROSSEN KÖNNEN SIE GANZ LEICHT SELBST ZIEHEN – SO GEHT'S

Reformhäuser bieten spezielle Keimgläser an, aber auch ein normales Schraubglas mit Deckel kann verwendet werden, zum Beispiel ein großes Gurkenglas, damit genug Luft zirkulieren kann. Es sollte mindestens 1 Liter Fassungsvermögen haben. Den Deckel mit 10–15 Löchern versehen,

damit Luft zirkuliert und Sie das Wasser abgießen können. Als Standort eignet sich ein Platz mit Licht und einer Raumtemperatur von etwa 20 °C.

Schritt 1 2 EL Sprossen am Abend ins Glas geben und bis zur Hälfte des Glases mit Wasser aufgießen. Eventuell schwimmen die Samen obenauf, dann gut schütteln, bis die Oberflächenspannung des Wassers nachlässt und die Samen nach unten sinken. Über Nacht einweichen lassen.

Schritt 2 Am nächsten Morgen das Glas umkippen, um das Wasser durch die Löcher im Deckel abzulassen. Glas aufschrauben und mit frischem Wasser aufgießen. Glas wieder verschließen und gut schütteln. Im Anschluss das Wasser wieder abgießen und das Glas aufrecht hinstellen.

Schritt 3 Diesen Vorgang abends und morgens wiederholen, bis die Sprossen verzehrfertig sind. Das kann je nach Samen 2–6 Tage dauern.

Die meisten Sprossen sind zum Verzehr bereit, wenn die Keimlinge etwa 2–5 cm lang sind und Blättchen entwickeln. Sie sollten knackig und frisch aussehen. Wenn die Sprossen zu lange wachsen, können sie bitter oder faserig werden.

Aufbewahrung Die Sprossen halten sich in einer verschlossenen Frischhaltebox im Kühlschrank einige Tage. Am besten schmecken Sprossen auf Salaten und zu Suppen. Milde Sorten eignen sich für ein Topping zum Frühstück.

SPROSSEN AUS HÜLSENFRÜCHTEN

Diese sollten Sie vor dem Verzehr blanchieren oder kochen, denn sie bilden beim Keimen schädliche Stoffe. Das betrifft zum Beispiel:

- Linsen-Sprossen
- Sojabohnen-Sprossen
- Mungbohnen-Sprossen
- Kichererbsen-Sprossen

Zum Blanchieren in ein feines Sieb geben und kurz mit kochendem Wasser überbrühen. Anschließend mit kaltem Wasser spülen.

SPROSSEN ODER MICROGREENS?

Beides ist geschmacklich sehr ähnlich und in den Rezepten quasi austauschbar. Sie werden aus denselben Samen gezogen. Microgreens brauchen einen anderen Nährboden als Sprossen und werden dadurch noch gesünder. Sie keimen zunächst abgedeckt bei Dunkelheit auf guter Bioerde oder auf einem Substrat aus Hanf- oder Kokosfasern. Nach einigen Tagen wachsen sie weiter bei Licht, wobei sie Chlorophyll entwickeln.

Die einfachste Möglichkeit für zu Hause ist aber immer noch, Sprossen selbst zu ziehen – wie links beschrieben.

Unsterblichkeitspflanzen: wie wahre Wunder wirken

Die Entdeckung und Anwendung von Pflanzen mit herausragenden gesundheitsfördernden Eigenschaften ist eine Reise, die uns daran erinnert, wie untrennbar wir mit der Natur verbunden sind. Indem wir ihr Wissen respektieren und nutzen, können wir nicht nur unsere eigene Gesundheit verbessern, sondern auch dazu beitragen, das Gleichgewicht unseres Planeten zu bewahren. Die folgenden drei Pflanzen leisten einen besonderen Beitrag zur Verjüngung.

UNSTERBLICHKEITSKRAUT JIAOGULAN: DIE ENERGIE DER NATUR

Das Unsterblichkeitskraut Jiaogulan, auch als „Kraut der Unsterblichkeit" bezeichnet, stammt aus der Traditionellen Chinesischen Medizin und hat sich in den vergangenen Jahren aufgrund seiner bemerkenswerten gesundheitsfördernden Eigenschaften weltweit einen Namen gemacht. Die Blätter dieser Pflanze sind reich an Saponinen, Flavonoiden und anderen bioaktiven Verbindungen, die eine breite Palette von gesundheitlichen Vorteilen bieten.

Jiaogulan wird oft als Adaptogen bezeichnet, da es dazu beiträgt, den Körper in Zeiten von Stress zu unterstützen und das allgemeine Wohlbefinden zu steigern. Es kann den Energiehaushalt verbessern, das Immunsystem stärken und die körperliche Ausdauer erhöhen. Darüber hinaus hat es antioxidative Eigenschaften, die dazu beitragen können, die Zellen vor Schäden durch freie Radikale zu schützen.

SAPONINE UND IHRE BEDEUTUNG

Saponine sind natürliche Verbindungen, die in Pflanzen vorkommen und eine Vielzahl von gesundheitlichen Vorteilen bieten können. Sie sind für ihre entzündungshemmenden, immunmodulierenden und cholesterinsenkenden Eigenschaften bekannt.

UNSTERBLICHKEITSPILZ REISHI: DER KÖNIG DER HEILKRÄUTER

In den Wäldern Asiens gedeiht der Reishi-Pilz, der oft als „Pilz der Unsterblichkeit" bezeichnet wird. Er ist reich an Polysacchariden, Triterpenen und Antioxidantien, die zusammen eine starke immunmodulatorische Wirkung entfalten. Die Traditionelle Chinesische Medizin schätzt den Reishi-Pilz als Stärkungsmittel für das Qi, den Lebensenergiefluss, und zur Unterstützung der Organgesundheit.

TRADITIONELLE CHINESISCHE MEDIZIN UND DAS KONZEPT DES QI

Die Traditionelle Chinesische Medizin (TCM) betrachtet den Körper als ein System von Energiebahnen, in denen das Qi oder die Lebensenergie fließt. Das Gleichgewicht dieses Flusses ist für die Gesundheit entscheidend. Verschiedene Pflanzen und Kräuter werden verwendet, um das Qi zu regulieren und die Gesundheit zu fördern.

UNSTERBLICHKEITSBAUM MORINGA: NÄHRSTOFFREICHE WUNDERQUELLE

Der Moringa-Baum, auch „Wunderbaum" , stammt aus Indien und wird wegen seiner beeindruckenden Nährstoffdichte geschätzt. Seine Blätter sind reich an Vitaminen, Mineralstoffen, Proteinen und Antioxidantien.

MORINGA ALS NACHHALTIGE RESSOURCE

Der Moringa-Baum trägt zur Nachhaltigkeit bei, da er in vielerlei Hinsicht verwendet werden kann. Neben dem Beitrag zur Ernährung wird er zur Wasseraufbereitung und Bodenverbesserung eingesetzt.

DAS GEHEIMNIS DER UNSTERBLICHKEIT: EINE ZEITLOSE WEISHEIT

Die Vorstellung von Unsterblichkeit mag utopisch erscheinen, aber diese Pflanzen bergen in sich das Potenzial, die Lebensqualität zu verbessern und die Langlebigkeit zu fördern. Ihre Verwendung reicht bis in die tiefen Wurzeln der traditionellen Heilkunde verschiedener Kulturen zurück. Heute, in einer Zeit, in der die moderne Wissenschaft die Kräfte der Natur entschlüsselt, können wir von ihrem Wissen profitieren.

Egal, ob als Tonikum, Nahrungsergänzung oder natürliches Heilmittel: Diese Unsterblichkeitspflanzen zeigen uns, dass die Natur reich an Schätzen ist, die uns auf dem Weg zu einem erfüllten und gesunden Leben begleiten können.

IM ZWEIFEL

Es ist empfehlenswert, vor der Einnahme von Nahrungsergänzungsmitteln oder Kräutern einen Arzt zu konsultieren, insbesondere wenn Sie Vorerkrankungen haben oder Medikamente nehmen.

Was kann der Meta-Ernährungscode wirklich?

Gesunde Ernährung hilft uns, jung, gesund und leistungsfähig, viral und fit zu sein und kann unser Leben verlängern – so weit, so gut. Welche konkreten Erfahrungen und Werte gibt es aus der Wissenschaft und meinen eigenen Forschungen?

VERÄNDERUNGEN VON BEGINN AN

Sie haben es gelesen: Schon am ersten Tag der Umstellung auf eine gesunde Ernährung verändern sich unsere Körperzellen, zum Beispiel die Darmbakterien. Schädliche Bakterien werden weniger, gute vermehren sich. Gut für unsere Verdauung und unser Immunsystem. Aber das ist erst der Anfang.

Wie viel wir wiegen, spielt eine entscheidende Rolle für die Lebensdauer – JAHR 1

Eine Metastudie aus dem Jahr 2016 hat herausgefunden, dass Übergewicht uns zehn Jahre unseres Lebens kosten kann. Wenn es gelingt, in 7 Wochen einige Kilogramm Fett zu verlieren, gewinnen wir mindestens ein Jahr. Check!

Vermeiden, was unserem Körper schadet – JAHR 2

Vor allem wenn wir Fleisch und Milchprodukte gegen natürliche pflanzliche Produkte austauschen, setzen wir unseren Zellen und Organen nicht durch Hormone, Antibiotika und andere Giftstoffe zu. Verzichten wir auf industriell gefertigte Lebensmittel, verbannen wir außerdem künstliche Farbstoffe, Emulgatoren, Süßstoffe, Säuerungsmittel und Konservierungsmittel aus unserer Nahrung. Leber und Nieren können sich erholen und werden nicht belastet. Durch die Entlastung und Vermeidung von Giften gewinnen wir mindestens ein weiteres Jahr. Check!

Unseren Körper mit dem Besten versorgen – JAHR 3

Nicht nur das Falsche weglassen, sondern auch das Richtige auf den Speiseplan setzen. Die gesunden und nährstoffreichen Rezepte des Meta-Ernährungscodes versorgen den Körper mit wahren Energieboostern. Der hohe Pflanzenanteil sorgt dafür, dass wir reichlich mit Antioxidantien versorgt sind. Das reduziert Zellstress und Entzündungen, Hauptverursacher vieler Volkskrankheiten. Ohne Entzündungen bleiben wir länger gesund und gewinnen ein drittes Jahr. Check!

Sauer macht nicht lustig, sondern alt – JAHR 4

Ab Mitte 20 verlieren unsere Nieren pro Jahr etwa 1 Prozent an Leistung, wussten Sie das? Daher ist es so wichtig, einer Übersäuerung im Gewebe (diese ist übrigens nicht im Blut oder Urin nachweisbar!) vorzubeugen. Das gelingt durch den hohen pflanzlichen Anteil des Meta-Ernährungscodes. Besonders zur Vorbeugung von Osteoporose ist ein voller Basenspeicher

„Die wichtigste Diät habe ich als Kind bekommen – und die hieß: kein Essen. Genauer gesagt, wir bekamen nicht viel, kein Fast Food, wenig Zucker. Das erste Steak sah ich mit 14. Genau deshalb bin ich mein Leben rank und schlank geblieben." *Mick Jagger*

wichtig. Sinkt dieser ab 40 durch die veränderte Nierenfunktion, ist unsere Knochendichte in Gefahr. Starke Knochen und gesunde Nieren – so können wir weniger sauer und gut gelaunt leicht ein weiteres Jahr auf unserem Lebenskonto genießen. Check!

Autophagie ist der Zellverjüngungsbrunnen schlechthin – JAHR 5

Wenn unsere Zellen sich selbst reparieren und beschädigten Zellmüll selbst entsorgen, tickt unsere Lebensuhr geradezu rückwärts. Außerdem können wir in den Stunden, in denen wir nichts essen, unseren Blutzuckerspiegel konstant halten. Dadurch beugen wir Insulinresistenz vor. Fasten, auch intermittierendes, ist also ein Doppelbonus für unser Lebenskonto und schenkt uns mindestens 2 Jahre auf dem Lebenskonto. Check!

Den Darm sanieren, denn dort steckt unser Immunsystem – JAHR 6

Ballaststoffe und pflanzenbasierte Ernährung sind eine wahre Verjüngungskur für unseren Darm. Der Meta-Ernährungscode sorgt dafür, dass gefährliche Darmbakterien abgebaut werden und sich gute Bakterien vermehren können. Unser Immunsystem und unser gesamter Organismus danken es uns. Weniger Krankheiten und weniger Belastung sorgen im Durchschnitt für ein weiteres Jahr, um das Sie sich jünger fühlen dürfen. Check!

Raus aus der Zuckerfalle – JAHR 7

Einfache Kohlenhydrate und Zucker bringen unsere Bauchspeicheldrüse auf Hochtouren. Das sorgt nur sehr kurzzeitig für gute Laune und führt dann zur Heißhungerattacke. Die bringt mit sich, dass wir zunehmen. Im Laufe der Jahre kann eine Insulinresistenz eintreten. Diabetes Typ 2 heißt die schleichende Gefahr. Der Meta-Ernährungscode basiert auf komplexen Lebensmitteln, die der Körper erst aufspalten muss. Der „Zucker" geht nicht gleich ins Blut, wir sind länger satt und unser Blutzuckerspiegel fährt nicht Achterbahn. Dieser ausgleichende Effekt befreit uns nicht nur vom permanenten Hungergefühl, sondern schützt vor vielen Krankheiten und schenkt uns mindestens 1 weiteres Jahr. Check!

FAZIT

Jeder Organismus und jeder Mensch ist anders. Die beschriebenen sieben Säulen und die Jahre, die diese auf dem Lebenskonto gewinnen, sind deshalb nicht für alle Menschen gleich. Wer mit Übergewicht kämpft und mehr als nur ein paar Kilo abnehmen kann, kann mehr Lebenszeit gewinnen – bis zu 10 Jahre sind allein auf diesem Weg möglich. Sicher ist: Durch eine Umstellung auf eine verjüngende Ernährung kann praktisch jeder seine Lebensqualität signifikant verbessern und sich selbst zusätzliche Jahre bescheren.

Was zählt, um lange jung und vital zu bleiben?

Die Ernährung ist ein wichtiger Baustein für ein langes, gesundes und vitales Leben. Sie erinnern sich noch an mein Beispiel mit dem Oldtimer? Unsere Ernährung ist das Benzin und ein gutes Motoröl. Gut, damit der Motor schnurrt.

Aber werfen wir noch einen Blick auf andere Lebensbereiche und Gewohnheiten, die Einfluss auf das Lebenskonto haben.

UNSER KÖRPER IST EIN TEMPEL

Diese Redensart ist eine der ältesten der Welt und sie gilt noch heute. Gleichzeitig ist der Körper ein Wunderwerk, das mit unglaublicher Intelligenz Selbstheilungskräfte aktiviert und die Zellen mit Nährstoffen versorgt und Abfallprodukte entsorgt. Besorgniserregend ist der Bericht der Weltgesundheitsorganisation (WHO). Er besagt, dass weltweit jährlich über 16 Millionen Menschen an sogenannten Zivilisationskrankheiten wie Herzinfarkt, Atemwegserkrankungen, Krebs und psychischen Störungen erkranken. Besonders Diabetes ist auf dem Vormarsch: Die Deutsche Diabetes Gesellschaft prognostiziert, dass sich bis zum Jahr 2040 die Anzahl der Erkrankungen in Deutschland fast verdoppeln wird. Derzeit erkrankt jährlich etwa eine halbe Million Menschen. Die gute Nachricht ist:

ES LIEGT IN UNSERER HAND!

Denn diesem Trend müssen wir uns keinesfalls ergeben. Die Altersforschung liefert stets bahnbrechende Resultate, die uns zeigen, dass wir tatsächlich Einfluss auf unsere Gesundheit und Leistungsfähigkeit nehmen können. Lassen Sie mich an dieser Stelle die wichtigsten Faktoren zusammenfassen, die eine gesunde Ernährung optimal ergänzen.

Epigenetik: Schlüsselrolle für ein längeres und gesünderes Leben

Eine wichtige Erkenntnis aus der Altersforschung ist die Rolle der Epigenetik bei der Beeinflussung des biologischen Alters. Epigenetik ist ein Teilgebiet der Biologie, das sich mit genetischen Modifikationen befasst, die den Phänotyp, also das Erscheinungsbild, beeinflussen, ohne die DNA-Sequenz zu verändern. Forscher der Epigenetik untersuchen, wie externe Faktoren unseren epigenetischen Code und somit unsere Gesundheit beeinflussen können. Zu diesen externen Faktoren gehören zum Beispiel die Ernährung und der Lebensstil.

Die innere Einstellung und insbesondere positives Denken

Die innere Einstellung spielt für unsere Gesundheit und unser Wohlbefinden eine entscheidende Rolle. Jeden Morgen und Abend sollten wir

Basierend auf den neuesten Forschungsergebnissen der Epigenetik und meiner persönlichen Forschung habe ich zusätzlich zum Meta-Ernährungscode ein ganzheitliches Programm entwickelt: den Jungbrunnenkompass (siehe Seite 191). Dieser Kompass liefert wissenschaftlich fundierte Anleitungen zur Selbstoptimierung im Alltag.

zum Beispiel eine Tautologie als Affirmation wiederholen: „Ich bin glücklich und dankbar, dass ich glücklich und dankbar bin." Zusätzlich können wir uns durch Afformationen positive Fragen in der Vergangenheit stellen, die unser Unterbewusstsein den Auftrag geben, nach Lösungen zu suchen und den Zustand wie von selbst herzustellen. Einige persönliche Beispiele kann ich Ihnen mit auf den Weg geben

- „Wie habe ich es geschafft, dass ich jeden Augenblick meines Lebens glücklich und dankbar bin?"
- „Wie kam es dazu, dass ich nur noch gesunde Lebensmittel zu mir nehme, die mir vollkommene Gesundheit schenken?"
- „Wie kam es dazu, dass ich jeden Moment vollkommen gesund bin?"
- „Wie fühlt es sich an, dass jede meiner Körperzellen vor vollkommener Gesundheit erstrahlt?"

Diese Denkmuster verdrahten unser Gehirn neu und tragen zu einer positiven Lebenseinstellung bei. In den ersten Tagen fühlt sich ein solches Ritual vielleicht etwas sonderbar an, aber Sie werden sehen, es funktioniert! Mit jeder positiven Erfahrung werden die positive Einstellung und unser Glaube gestärkt, sodass die Berge, die wir versetzen, immer größer werden.

Bewegung: fit und agil für ein jugendliches Leben

Regelmäßige Bewegung ist ein wesentlicher Bestandteil eines gesunden und leistungsfähigen Lebens. Wir sollten uns 30 Minuten an 5 oder mehr Tagen pro Woche bewegen. Dabei sollten wir unsere Anstrengung auf etwa 60–80 Prozent der maximal möglichen Belastung steigern. Zudem heißt das Ziel: mindestens 10.000 Schritte pro Tag. Jeder kann seinen eigenen Weg dahin finden.

Wussten Sie, dass NASA-Studien belegen: Bestimmte Pflanzen wie Bogenhanf, Grünlilie, Efeu und Aloe Vera sorgen für mehr Sauerstoff im Raum, weil diese Pflanzen auch nachts Kohlenstoffdioxid in Sauerstoff umwandeln. Das verbessert die Luftqualität im Schlafzimmer signifikant.

Schlaf: Quelle der Regeneration für Körper und Geist

Guter Schlaf ist essenziell für Gesundheit und Regeneration. Täglich sollten wir als höchste Priorität 7 Stunden Schlaf oder mehr anstreben und unseren Schlafzyklus so gut wie möglich beibehalten. Ein fester Zeitpunkt zum Zubettgehen, am besten gleich mit täglicher Wecker-

Ich persönlich schaffe das tägliche Schrittziel ohne zusätzliches Zeitbudget. Wie das geht? Statt bei der Schreibtischarbeit zu sitzen, gehe ich in 90 Minuten etwa 10.000 Schritte auf meinem WalkingPad®, einem mobilen Laufband, vor dem höhenverstellbaren Schreibtisch. Dabei gewinnen Sie sogar Zeit, denn mit jedem einzelnen Schritt steigt absolut zuverlässig im gleichen Maß Ihre statistisch erwartete Gesundheits- und Lebensspanne. Dehnen, zum Beispiel durch Yoga, zahlt ebenso auf unsere Gesundheit ein. Bereits 5 Minuten täglich, am besten vor dem Schlafen und/oder direkt nach dem Aufwachen, machen einen großen Unterschied.

einstellung, ein dunkler und ruhiger Schlafraum, sowie der Verzicht auf elektronische Geräte vor dem Schlafengehen tragen zu einem erholsamen Schlaf bei. Als Lebenskünstler gehen Sie so früh ins Bett, dass Sie bereits vor dem Weckerklingeln erholt aufwachen.

Atmung: frische Luft und bewusstes Atmen für innere Balance

Die Qualität der Luft, die wir atmen, beeinflusst die Gesundheit maßgeblich. Deshalb sollten wir so viel Zeit wie möglich an der frischen Luft verbringen und unsere Innenräume mit Pflanzen ausstatten, die Sauerstoff erzeugen und besonders viele Gifte filtern. Zusätzlich können wir zweimal täglich eine spezielle, von mir entwickelte Atemübung durchführen.

Entspannung: den Geist zur Ruhe bringen

Eine tägliche Entspannungsroutine hilft, um den Geist zur Ruhe zu bringen und Stress abzubauen. Bevor wir ins Bett gehen, sollten wir eine Aktivität wählen, die uns am besten entspannt. Lesen oder das Aufschreiben von fünf positiven Dingen, für die wir dankbar sind, helfen, zur Ruhe zu kommen und innere Ausgeglichenheit zu finden.

Soziale Kontakte: Verbundenheit für ein erfülltes Leben

Soziale Kontakte spielen eine wichtige Rolle für Wohlbefinden und Gesundheit. Das hat vor wenigen Jahren eine weltweite Studie ergeben. Die Menschen, die weltweit am ältesten werden, haben vor allem eines gemeinsam: eine hohe Anzahl sozialer Kontakte. Meine Empfehlung ist die 3-F-Regel, die lautet: täglicher Kontakt mit den drei Fs – Familie, Freunde und Fremde. Indem wir uns regelmäßig mit unseren Lieben austauschen, neue Freundschaften knüpfen und das Gespräch mit Fremden suchen, steigern wir Sozialkompetenz, Verbundenheit und Glücksempfinden. Gemeinsame Aktivitäten, Gespräche und Lachen tragen zu einem erfüllten Leben bei.

WIRKLICHER JUNGBRUNNEN: LEBEN MITTELS LIEBE, DANKBARKEIT UND GLÜCK

Wer hat das nicht schon mal gehört: ernten und einkaufen mit Dankbarkeit, kochen mit Liebe und beim Essen glücklich genießen? Erfinden und entdecken Sie sich neu beim Essen! Geistige und emotionale Nahrung ist das, was uns wirklich lebendig macht. Leben nicht nur durch Lebensmittel allein. Liebe geht durch den Magen, Leben nicht nur. Alle Prozesse werden erst lebendig, wenn wir sie mit unserem Bewusstsein erfüllen.

Stellen wir uns vor, wir leben im „ALL-EINS-SEIN". Das bedeutet, dass wir mit allem, was ist, eins sind. Wenn ich im Garten, auf dem Balkon oder von der Topfpflanze im Zimmer ernte, bin ich stets glücklich und dankbar bei der Pflanze, dass sie mir ihr Leben schenkt. Das gibt es noch heute bei Naturvölkern und auch wir feierten früher zu diesem Zweck das Erntedankfest. Das Gleiche gilt beim Kochen: Mit Aufmerksamkeit und Liebe gelingt jedes Gericht besser.

JETZT EIN WIRKLICH ZAUBERHAFTES EXPERIMENT

Nehmen Sie einfach an, Sie könnten zaubern. Verzaubern Sie alle Zutaten, die Sie kaufen oder ernten, jedes Gericht, das Sie zubereiten, und jede Mahlzeit, die Sie zu sich nehmen. Genießen Sie gemeinsam und glücklich mit Ihren Lieben jeden Bissen (beim gründlichen Kauen!). Merken Sie, wie sich Ihr Leben liebevoll verzaubert? Wie Sie beim Einkaufen, Zubereiten und Essen innerlich lächeln? Wenn Sie in dieser Einstellung sind, dann gehen Sie in Resonanz. Nach dem Prinzip des Universums geht es nicht anders, als dass Sie nicht nur glücklicher sind, sondern ganz automatisch jünger, gesünder und leistungsfähiger, vital und fit.

Wie viele Jahre fühlen Sie sich während des Experiments jünger? 7 oder bereits 17 Jahre? Was ist, wenn Sie das Experiment nie wieder beenden, sondern einfach fortsetzen? Sie hören nie wieder auf, im Jetzt zu sein, und bleiben einfach immer im Jetzt. Leben können wir nicht in der Vergangenheit oder der Zukunft, sondern immer im Jetzt. Wenn Sie wahrnehmen, wie Sie Lebensmittel einkaufen oder ernten, zubereiten oder essen, können Sie nicht denken, nicht in der Vergangenheit oder in der Zukunft sein, denn wahrnehmen können Sie nur im Hier und Heute. Genießen können Sie nur im Jetzt. Ab jetzt immer glücklich und gesund genießen. Viel Freude mit diesem Buch für immer im Jetzt.

FAZIT

Die Forschung zeigt, dass wir zunehmend die Kontrolle über den eigenen Alterungsprozess haben. Indem wir die Faktoren berücksichtigen, die unsere epigenetische Uhr beeinflussen, können wir die biologische Uhr zurückdrehen. Warum dieses Zurückdrehen so interessant ist, erkennen Sie daran, wie rapide die Anfälligkeit für verschiedene Krankheiten im Alter steigt. Das zeigt eine Untersuchung der Stanford University Kalifornien.

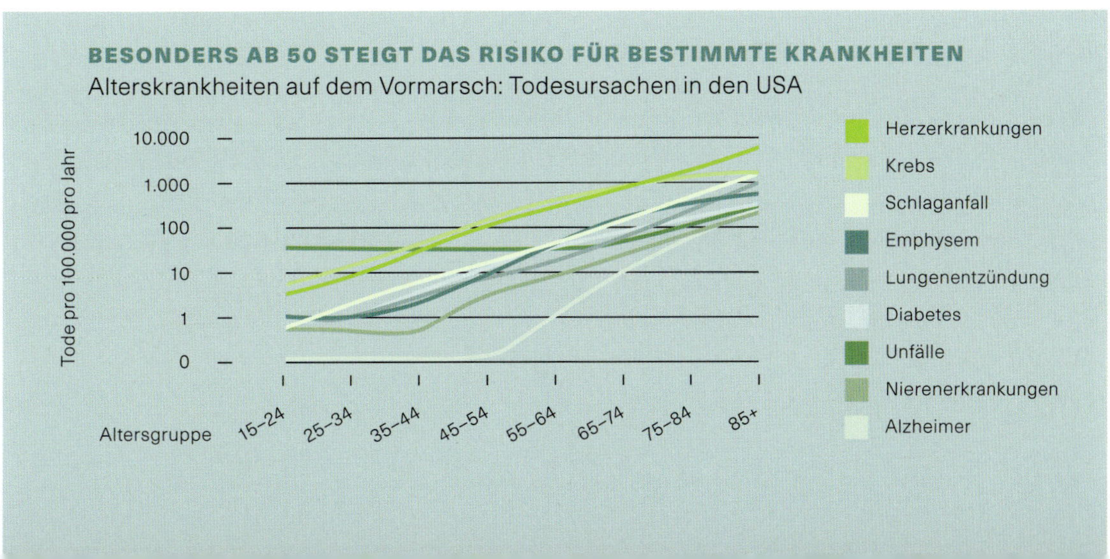

Dranbleiben! Ihre Reise in ein gesünderes Leben beginnt jetzt!

Sie starten mit Enthusiasmus? Ihr Plan steht? Nichts kann Sie mehr stoppen? Klasse, denn der erste Schritt ist der wichtigste. Hier finden Sie sieben Schlüsselprinzipien, um mit Begeisterung am Ball zu bleiben.

1. WAS DU HEUTE KANNST BESORGEN …
Sie kennen die Aufschieberitis? Nach dem Urlaub, nicht vor der Grillparty der Nachbarn, der Besuch nächste Woche … Und schon rückt der Start in weite Ferne. Beginnen Sie heute! Suchen Sie erste Rezepte aus dem folgenden Rezeptteil, schreiben Sie eine Einkaufsliste, informieren Sie Ihre Familie. Heute ist Ihr erster Tag, auch mit kleinen Schritten. Denn die Kraft des Anfangs liegt in der Einfachheit. Oft sind es die kleinen Änderungen, die einen großen Unterschied machen.

2. AFFORMATIONEN: KRAFT DER INNEREN MOTIVATION
Der stärkste Motor für unser Handeln und Denken kommt aus dem Inneren. Oft behindern negative Überzeugungen unser Denken und hemmen uns, den ersten Schritt zu tun. Überwinden Sie diese Barrieren, indem Sie sich bewusst machen, dass der beste Zeitpunkt zum Starten immer jetzt ist. Überschreiben Sie zweifelnde Glaubenssätze wie „Das schaffe ich eh nicht." oder „Wie soll ich das im Alltag hinbekommen?" durch sogenannte Afformationen: Formulieren Sie Fragen, die aus der Zukunft zurückblicken und erklären: „Wie konnte es mir gelingen, in 7 Wochen meine Lebensgewohnheiten zu ändern?" Blicken Sie darauf zurück, welche Ihrer Charaktereigenschaften Ihnen geholfen haben. Das rückt Ihre Stärken in den Mittelpunkt und auf diese können Sie bauen, auch wenn alte Gewohnheiten locken.

3. GREIFEN SIE VON MEHREREN SEITEN AN!
Probieren Sie, so viele Empfehlungen wie möglich parallel umzusetzen. Auf den Seiten 36–41 beschreibe ich die vielseitigen Eckpfeiler der Jungbrunnenformel. Überlegen Sie, welche Ansätze für Sie die richtigen sind. So finden Sie nicht nur heraus, was gut zu Ihnen passt und was Sie leicht umsetzen können. Sie spüren und sehen außerdem schnelle Erfolge, die Sie motivieren werden.

4. STOPPEN SIE IHRE UNGEDULD!
Ihr Weg in ein gesünderes Leben ist kein Sprint, sondern eine Reise. Es geht nicht um schnelle Ergebnisse, sondern um nachhaltige Veränderungen. Integrieren Sie die gesunden Praktiken nach und nach in Ihren Alltag. Rituale, Dankbarkeit und positive Afformationen sind Werkzeuge, die Ihnen helfen, auf Kurs zu bleiben und Ihre Reise zu einem erfüllten, gesunden Leben zu gestalten.

5. FEIERN SIE KLEINE ERFOLGE!

Wir blicken allzu oft auf das, was noch vor uns liegt, was wir noch nicht geschafft haben. Das raubt Energie. Kraftgebend und motivierend ist, auch die kleinen Erfolge zu visualisieren. Machen Sie ein Foto von Ihrem gesunden Kühlschrankinhalt, schreiben Sie auf, wie viele gesunde Rezepte Sie in der vergangenen Woche ausprobiert haben. Führen Sie ein kleines „Das hab ich gut gemacht"-Tagebuch.

6. DANKBARKEIT ALS KRAFTQUELLE

Dankbarkeit ist eine mächtige emotionale Ressource. Sie ermöglicht Ihnen, positive Gefühle zu fördern und negative Emotionen abzubauen. Notieren Sie jeden Abend drei Dinge, für die Sie dankbar sind. Diese einfache Übung trägt dazu bei, Ihre Stimmung zu heben, Stress zu reduzieren und Ihre Wertschätzung für die Reise zu einem gesünderen Leben zu vertiefen.

7. NEUE RITUALE GESTALTEN

Wir sind Gewohnheitstiere, was wir paradoxerweise auch für Veränderungen nutzen können. Rituale schaffen, heißt, Dinge positiv in unseren Alltag zu integrieren. Ein neues Ritual könnte ein Glas Wasser mit Zitrone am Morgen (siehe Seite 187) sein. Einen Frühstückstee und eine Achtsamkeitsübung zu zelebrieren, hilft, gut gelaunt und mit Energie in den Tag zu starten. Verabschieden Sie sich auch ganz bewusst von Ritualen, die Sie aus Ihrem Alltag verbannen wollen, zum Beispiel den obligatorischen Schokoriegel zum Kaffee. Wenn das (ab)geschafft ist, können Sie einen neuen Eintrag in Ihr „Das hab ich gut gemacht"-Tagebuch schreiben.

FRÜHSTÜCK

Für den perfekten
Start in den Tag

Ein guter Start ist idealerweise leicht, damit Sie zu Beginn des Tages nicht zu viel Energie in die Verdauung stecken. Am Morgen nimmt der Körper am besten Vitalstoffe und Mineralien auf, deshalb sind die Frühstücksvorschläge voller Zutaten, die Sie zum Tagesstart mit Energie versorgen.

Sättigende Smoothies

Die Kraft der Schale Wussten Sie, dass besonders Bananenschalen reich an Vitaminen wie B_6, K, C und Folsäure sowie Mineralstoffen wie Kalium, Magnesium, Phosphor und Vitamin B_{12} sind? Ihre Ballaststoffe fördern zudem die Verdauung und sorgen für lang anhaltende Sättigung. • Auch Schalen von Zitrusfrüchten wie Mandarinen, Zitronen und Orangen sind wertvoll: Sie sind kleine Booster an antioxidativen und entzündungshemmenden Substanzen. • Eine kleine Handvoll Schalen von zum Beispiel Bananen, Zitrusfrüchten, Äpfeln, Birnen, Gurken oder Karotten machen Ihre Smoothies zu einer wahren Verjüngungskur. Achten Sie auf Bioware und waschen Sie die Schalen gründlich, bevor sie in den Mixer kommen!

Karotten-Ingwer-Smoothie

Für 2 Portionen – Zubereitungszeit 10 Minuten

300 g Karotten und **30 g Ingwer** schälen und in Stücke schneiden. Mit **200 ml Orangensaft** und 200 ml Wasser im (Hochleistungs-)Standmixer auf höchster Stufe cremig-glatt pürieren. **70 g weißes Mandelmus, 1 gute Prise Salz, 2–3 EL Limettensaft, 1 TL abgeriebene Biolimettenschale** und **4 TL Acerolapulver** hinzugeben und nochmals auf höchster Stufe pürieren. In zwei große Gläser füllen.

Pro Portion 311 kcal – 21 g F, 20 g KH, 9 g B, 11 g EW

Grünkohl-Avocado-Smoothie mit Acerola

Für 2 Portionen – Zubereitungszeit 10 Minuten + ca. 10 Minuten Antauen

100 g TK-Grünkohl (portionierbar) etwas antauen lassen. **50 g frischen Blattspinat** waschen und trocken schleudern. **200 ml Apfelsaft, 2 EL Limettensaft, 2 EL Acerolapulver** und 400 ml kaltes Wasser in den (Hochleistungs-)Standmixer füllen, darauf den Spinat und dann den Grünkohl geben. Auf höchster Stufe cremig-glatt pürieren. **200 g Avocado-Fruchtfleisch** und **1 gute Prise Salz** zugeben, noch mal kräftig durchmixen, nach Belieben etwas mehr Wasser zugeben. In zwei große Gläser füllen.

Pro Portion 309 kcal – 24 g F, 16 g KH, 10 g B, 5 g EW

Himbeer-Kokos-Smoothie mit Chia

Für 2 Portionen – Zubereitungszeit 7 Minuten + 15 Minuten Quellen

30 g Chiasamen mit 150 ml heißem Wasser (etwa 70 °C) verrühren und 15 Minuten quellen lassen. **125 g Himbeeren** abbrausen, zwei beiseitelegen, restliche Beeren mit gequollenen Chiasamen, **200 g pflanzlichem Kokosjoghurt, 100 g Kokosmilch** (70–90 % Kokosanteil), 200 ml kaltem Wasser, **4 TL Macapulver, 1 ½ EL Limettensaft** (nach Belieben etwas mehr) und **2 TL abgeriebener Biolimettenschale** im (Hochleistungs-)Standmixer auf höchster Stufe cremig-glatt pürieren. Mit **Salz** und **¼ TL Vanillepulver** abschmecken, nochmals durchmixen, in zwei große Gläser füllen und mit je einer Himbeere garnieren.

Pro Portion 312 kcal – 24 g F, 14 g KH, 10 g B, 7 g EW

Erdbeer-Avocado-Smoothie

Für 2 Portionen – Zubereitungszeit 10 Minuten

300 g Erdbeeren waschen, entstielen und halbieren. **150 g Avocado-Fruchtfleisch** in Stücke schneiden. Zusammen mit zunächst 400 ml kaltem Wasser, **1–2 EL Zitronensaft** (nach Belieben), **1 guten Prise Salz** und **¼ TL Vanillepulver** im (Hochleistungs-)Standmixer auf höchster Stufe cremig-glatt pürieren. Nach Belieben etwas mehr Wasser zugeben und in zwei große Gläser füllen.

Pro Portion 369 kcal – 33 g F, 9 g KH, 9 g B, 8 g EW

Grünkohl-Avocado-Smoothie mit Acerola

Karotten-Ingwer-Smoothie

Himbeer-Kokos-Smoothie mit Chia

Erdbeer-Avocado-Smoothie

Buchweizen-Frischkornmüsli mit Apfel

FÜR 2 PORTIONEN

100 g Buchweizenkörner
20 g Kürbiskerne
1 Apfel (150 g Fruchtfleisch)
1 EL flüssiger Honig (z. B. Akazienhonig)
Salz
1 TL gemahlener Ceylonzimt plus etwas zum Bestäuben
1 Msp. Vanillepulver
100 g pflanzlicher Kokosjoghurt

ZUBEREITUNGSZEIT 10 MINUTEN + 8 STUNDEN QUELLEN

Den **Buchweizen** im Blitzhacker grob schroten. In eine Schüssel geben, mit knapp 200 ml Wasser verrühren und 8 Stunden oder über Nacht quellen lassen. • Am nächsten Morgen die **Kürbiskerne** in einer Pfanne ohne Fett rösten, bis sie anfangen zu knistern und sich etwas aufblähen. Kurz abkühlen lassen. • Inzwischen den **Apfel** waschen, ungeschält grob raspeln und sofort unter den Buchweizen mischen. **Honig,** eine Prise **Salz, Zimt** und **Vanillepulver** hinzufügen, verrühren und das Müsli auf zwei Schalen verteilen. • Den **Joghurt** mit einer Prise **Salz** glatt rühren, als Kleckse auf die beiden Müsliportionen setzen und mit etwas **Zimt** bestäuben. Zum Schluss die Kürbiskerne darüberstreuen.

Pro Portion 344 kcal – 10 g F, 51 g KH, 4 g B, 10 g EW

Variante mit Karotte

Eine Karotte im Blitzhacker zu feinem „Grieß" zerkleinern und unter das Müsli mischen.

ERFAHRUNGSBERICHT „Eine gesunde und ausgewogene Ernährung ist mir als naturverbundener Mensch sehr wichtig, denn sie hat viele positive Effekte auf meine Gesundheit und mein Wohlbefinden. Noch fitter und leistungsfähiger fühle ich mich, seitdem ich die Vitalkur durchlaufen und die Vitalstoffe nach dem Jungbrunnenprotokoll von Sven Voelpel in meinen Alltag integriert habe. Ich dachte immer, dass ich sehr gesund lebe, aber seit der Einnahme von Vitalstoffen war ich völlig überrascht, wie energiegeladen ich bin und wie sich meine Vitalität noch mal deutlich verbessert hat. Ich arbeite in anstrengenden Phasen äußerst fokussiert und regeneriere mich in Ruhephasen schneller. Sogar meine aktuellen Blutwerte sind top. Das hat erst kürzlich meine Hausärztin bestätigt – und mich mit den Worten verabschiedet: ‚Wenn Sie so weitermachen, werden Sie gesund 120 Jahre alt!'"

Stefanie Hauber, Mentorin für einen gesunden nachhaltigen Lebensstil, Allgäu

Zimtiges Himbeer-Porridge

FÜR 2 PORTIONEN

40 g zarte Haferflocken
40 g Leinsamen, frisch geschrotet
Salz
400 ml ungesüßter Mandeldrink
20 g ungeschälte Mandelkerne
125 g Himbeeren
30 g weißes Mandelmus
1 TL gemahlener Ceylonzimt
½–1 TL gemahlener Kardamom

ZUBEREITUNGSZEIT 10 MINUTEN

Haferflocken, Leinsamen und eine gute Prise **Salz** mit **Mandeldrink** in einen Topf geben, unter Rühren aufkochen und 3 Minuten köcheln lassen, dabei ständig rühren. Vom Herd nehmen und abgedeckt etwas quellen lassen. • Inzwischen die **Mandeln** grob hacken. Die **Himbeeren** behutsam abbrausen und trocken tupfen. • Das Porridge auf zwei Schalen verteilen. Das **Mandelmus** mit **Zimt** und **Kardamom** glatt rühren und darüberträufeln. Mit Himbeeren und Mandeln garnieren.

Pro Portion 362 kcal – 24 g F, 16 g KH, 15 g B, 16 g EW

TIPP Für eine fruchtigere Komponente eine kleine Handvoll Himbeeren waschen, abtropfen lassen, pürieren und über das Porridge geben. Wer mag, streicht das Fruchtpüree zusätzlich durch ein feines Sieb.

Knackig-fruchtige Overnight Nuts mit Karotten

FÜR 2 PORTIONEN

30 g Cashewkerne
30 g Pekannusskerne
30 g Chiasamen
200 ml ungesüßter Mandeldrink
300 g Karotten
Salz
½ TL frisch gemahlener Kardamom
½ TL Ingwerpulver
100 g pflanzlicher Mandeljoghurt
100 g Blaubeeren
1 Stängel Minze
20 g weißes Mandelmus

ZUBEREITUNGSZEIT 15 MINUTEN + 8 STUNDEN QUELLEN

Cashews und **Pekannüsse** grob hacken, mit **Chiasamen** und **Mandeldrink** verrühren und abgedeckt 8 Stunden oder über Nacht in den Kühlschrank stellen. • Am nächsten Morgen die **Karotten** schälen, in Stücke schneiden und im Blitzhacker zu „Grieß“ zerkleinern. Unter die Nussmischung heben, mit **Salz, Kardamom** und **Ingwer** abschmecken und auf zwei Schalen verteilen. Auf jede Portion einen Klecks **Mandeljoghurt** setzen oder nach Belieben unterheben. • **Blaubeeren** und **Minze** abbrausen und trocken tupfen, die Minzeblätter abzupfen. Die Blaubeeren über die Portionen streuen, das **Mandelmus** in Klecksen darauf verteilen und mit Minze garnieren.

Pro Portion 423 kcal – 33 g F, 17 g KH, 16 g B, 12 g EW

Kakao-Granola mit Kokos-
joghurt und Brombeeren
Granola mit Mandel-
joghurt und Apfel

Grundrezept
Duftend geröstetes Nuss-Granola

FÜR 2 PORTIONEN

10 g Mandelblättchen
10 g Kokosflocken
15 g Kokosöl
10 g Kürbiskerne
10 g Leinsamen
10 g geschälte Hanfsamen
1 EL flüssiger Honig (z. B. Akazienhonig)
Salz
10 g weißes Tahini (Sesammus) oder weißes Mandelmus

ZUBEREITUNGSZEIT 10 MINUTEN + ABKÜHLZEIT

Mandelblättchen und **Kokosflocken** in einer Pfanne bei mittlerer Hitze 3–4 Minuten ohne Fett goldgelb rösten. An den Rand schieben. ● Das **Kokosöl** in der Pfannenmitte schmelzen, **Kürbiskerne, Leinsamen** und **Hanfsamen** darin 3 Minuten rührbraten. **Honig** und **Salz** hinzugeben und alles gründlich mischen. Vom Herd nehmen, das **Tahini** unterrühren und abkühlen lassen.

Pro Portion 249 kcal – 22 g F, 5 g KH, 5 g B, 7 g EW

Grundrezeptvariante

Nuss-Granola mit Kakao

Für 2 Portionen – Zubereitungszeit 2 Minuten (ohne Granola)

10 g dunkles Kakaopulver über eine Rezeptmenge duftend geröstetes Nuss-Granola streuen und untermischen.

Pro Portion 266 kcal – 23 g F, 6 g KH, 6 g B, 8 g EW

Kakao-Granola mit Kokosjoghurt und Brombeeren

Für 2 Portionen – Zubereitungszeit 5 Minuten (ohne Granola)

250 g pflanzlichen Kokosjoghurt mit **1 Prise Salz** und **1 Msp. Vanillepulver** glatt rühren und auf zwei Schalen verteilen. **125 g Brombeeren** waschen, trocken tupfen und darauf anrichten. Mit einer Rezeptmenge **Nuss-Granola mit Kakao** und **10 g Kakaonibs** bestreuen.

Pro Portion 432 kcal – 34 g F, 17 g KH, 10 g B, 11 g EW

Granola mit Mandeljoghurt und Apfel

Für 2 Portionen – Zubereitungszeit 8 Minuten (ohne Granola)

250 g pflanzlichen Mandeljoghurt mit **1 Prise Salz, 1 TL flüssigem Honig** (zum Beispiel Akazienhonig) und **½–1 TL gemahlenem Ceylonzimt** glatt rühren. **1 Apfel** (geschält, entkernt 125 g) raspeln und sofort untermischen. Mit einer Rezeptmenge **Nuss-Granola** bestreuen.

Pro Portion 356 kcal – 26 g F, 22 g KH, 8 g B, 8 g EW

Gemüse-Müslis

Kürbis-Kokos-Müsli mit Gojibeeren

Für 2 Portionen – Zubereitungszeit 15 Minuten

20 g Gojibeeren mit warmem Wasser übergießen und bis zur Verwendung stehen lassen. Inzwischen **200 g Hokkaido-Kürbis** (geputzt gewogen) entkernen, waschen, grob in Stücke schneiden und im Blitzhacker zu Reiskorngröße zerkleinern. Kürbis mit **40 g frisch geschroteten Leinsamen** und **20 g Kokosraspeln** mischen. **15 g Ingwer** schälen, reiben und mit **1 EL Limettensaft** und **150 g pflanzlichem Kokosjoghurt** untermischen. Mit **1 Prise Gewürznelke** und **½ TL gemahlenem Ceylonzimt** würzen und auf zwei Schalen verteilen. **50 g pflanzlichen Kokosjoghurt** mit **1 TL Limettensaft** und **1 Prise Salz** glatt rühren und auf das Müsli löffeln. Die Gojibeeren abgießen, mit Küchenpapier ausdrücken und auf dem Müsli verteilen.

Pro Portion 390 kcal – 24 g F, 27 g KH, 14 g B, 11 g EW

Frisches Zucchini-Müsli

Für 2 Portionen – Zubereitungszeit 10 Minuten

40 g grobe Haferflocken, 40 g frisch geschrotete Leinsamen und **30 g geschälte Hanfsamen** mit **200 ml ungesüßtem Mandeldrink** vermengen, **2 TL Macapulver** und **1 Prise Salz** untermischen und etwas quellen lassen. In der Zwischenzeit **400 g feste Zucchini** waschen und grob reiben. **4 Minzestängel** abbrausen und trocken schütteln, einige Blätter ganz lassen, den Rest hacken. Zucchini und gehackte Minze unter die Haferflockenmischung heben und auf zwei Schalen verteilen. **¼ TL Vanillepulver** in **20 g Haselnussmus** oder **braunes Mandelmus** einrühren, darüberträufeln und mit Minzeblättern garnieren.

Pro Portion 457 kcal – 20 g F, 25 g KH, 24 g B, 37 g EW

Blumenkohl-Leinsamen-Müsli mit Kürbiskernen

Für 2 Portionen – Zubereitungszeit 15 Minuten

40 g Haferflocken und **30 g frisch geschrotete Leinsamen** mit **200 ml ungesüßtem Mandeldrink, 30 g braunem** oder **weißem Mandelmus** und **2 TL Macapulver** verrühren und mit etwas **Salz, ½ TL gemahlenem Ceylonzimt** und **¼ TL gemahlenem Kardamom** würzen. **30 g Kürbiskerne** in einer Pfanne ohne Fett rösten und abkühlen lassen. **250 g Blumenkohlröschen** waschen, trocken tupfen, im Blitzhacker portionsweise nicht zu fein hacken und unter das Müsli mischen. Auf zwei Schalen verteilen, **30 g getrocknete Soft-Aprikosen** fein würfeln und mit den Kürbiskernen darüberstreuen.

Pro Portion 404 kcal – 23 g F, 25 g KH, 17 g B, 20 g EW

Fruchtiges Fenchel-Chia-Müsli

Für 2 Portionen – Zubereitungszeit 15 Minuten

30 g Chiasamen, 30 g frisch geschrotete Leinsamen und etwas **Salz** mit 250 ml kochend heißem Wasser verrühren und 10 Minuten quellen lassen. Inzwischen **400 g Fenchel** (geputzt 250 g) putzen, waschen, trocken tupfen, im Blitzhacker zu Reiskorngröße zerkleinern und herausnehmen. **100 g rotschaligen Apfel** waschen, trocken tupfen und im Blitzhacker etwas größer als den Fenchel hacken. Fenchel und Apfel unter die Chia-Leinsamen-Mischung heben, mit **1–2 TL Zitronensaft, 1 TL abgeriebener Biozitronenschale** und **½ TL gemahlenem Kardamom** würzen. Auf zwei Schalen verteilen und insgesamt **40 g braunes** oder **weißes Mandelmus** darauf verteilen. **20 g ungeschälte Mandelkerne** hacken und darüberstreuen.

Pro Portion 378 kcal – 27 g F, 12 g KH, 17 g B, 17 g EW

Kürbis-Kokos-Müsli
mit Gojibeeren
Frisches Zucchini-Müsli
Blumenkohl-Leinsamen-
Müsli mit Kürbiskernen
Fruchtiges Fenchel-
Chia-Müsli

Pancakes mit gebratenen Apfelringen

FÜR 2 PORTIONEN

Für die Pancakes

50 g Kichererbsenmehl
1 TL Backpulver
½ TL gemahlener Kardamom
Salz
75 ml ungesüßter Mandeldrink
15 g Kokosöl

Für die Apfelringe

2 kleine Äpfel (geschält, entkernt insg. 200 g)
5 g Kokosöl
½ TL gemahlener Ceylonzimt

Für Joghurt und Garnierung

100 g pflanzlicher Kokosjoghurt
Salz
1 Msp. Vanillepulver
20 g Haselnussmus
10 g Haselnusskerne

ZUBEREITUNGSZEIT 25 MINUTEN

Für die Pancakes das **Kichererbsenmehl** mit **Backpulver, Kardamom** und einer guten Prise **Salz** in einer Schüssel vermischen, dabei mögliche Klümpchen zerdrücken. Nach und nach den **Mandeldrink** mit dem Schneebesen einrühren und die Masse kurz stehen lassen. • Inzwischen für die Apfelringe die **Äpfel** schälen, mit einem Ausstecher entkernen und quer in vier bis fünf Scheiben schneiden. • Zwei große Pfannen erhitzen. In einer Pfanne das **Kokosöl** für die Apfelringe bei gut mittlerer Hitze schmelzen und die Apfelscheiben darin 5–6 Minuten braten, dabei öfter wenden. Zum Schluss mit etwas **Zimt** bestäuben. • Parallel dazu das **Kokosöl** für die Pancakes in der zweiten Pfanne schmelzen, den Teig mit einem Löffel in acht kleinen Portionen hineinsetzen und 2–3 Minuten bei mittlerer Hitze backen, bis sich an der Oberfläche Blasen bilden. Wenden und noch mal 1–2 Minuten backen. • Währenddessen für den Joghurt den **Kokosjoghurt** mit einer Prise **Salz** und **Vanillepulver** glatt rühren. Für die Garnierung das **Haselnussmus** nach Bedarf mit etwas Wasser glatt rühren. Die **Haselnüsse** hacken. • Pancakes und Apfelringe auf zwei Tellern abwechselnd zu Türmchen aufeinanderstapeln. Den Kokosjoghurt darauf oder daneben anrichten oder in einer kleinen Schale dazu servieren. Das Haselnussmus über die Türmchen klecksen und mit den Haselnüssen bestreuen.

Pro Portion 357 kcal – 23 g F, 28 g KH, 7 g B, 8 g EW

Kernige Zoats mit Leinsamen, Chia und Sonnenblumenkernen

FÜR 2 PORTIONEN

Für die Zoats

300 g Zucchini
30 g Leinsamen, frisch geschrotet
30 g Chiasamen
30 g Sonnenblumenkerne
400 ml ungesüßter Mandeldrink
Salz
1–2 Msp. Vanillepulver

Für die Garnierung

30 g braunes Mandelmus
75 g pflanzlicher Kokosjoghurt

ZUBEREITUNGSZEIT 10 MINUTEN

Für die Zoats **Zucchini** waschen und grob reiben. **Leinsamen, Chiasamen** und **Sonnenblumenkerne** mit **Mandeldrink,** einer guten Prise **Salz** und **Vanillepulver** in einen Topf geben, unter Rühren aufkochen und 3 Minuten köcheln lassen, dabei ständig rühren. Die Zucchiniraspel dazugeben und weitere 3 Minuten unter Rühren köcheln. Die Zoats in zwei Schalen füllen. ● Für die Garnierung das **Mandelmus** nach Bedarf mit etwas Wasser glatt rühren und in Streifen auf den Portionen verteilen. Den **Kokosjoghurt** glatt rühren und in Klecksen daraufsetzen. Warm oder lauwarm servieren.

Pro Portion 411 kcal – 31 g F, 8 g KH, 15 g B, 19 g EW

Kakao-Zoats

10 g dunkles Kakaopulver nach dem Kochen in die Zoats einrühren und zusätzlich zu Mandelmus und Kokosjoghurt mit **10 g Kakaonibs** bestreuen.

Fruchtige Zoats

30 g getrocknete Soft-Aprikosen sehr fein würfeln und nach dem Kochen unter die Zoats mischen. Dann wie angegeben mit Mandelmus und Kokosjoghurt garnieren.

Fruchtig-nussige Zoats

1 Kiwi schälen und in Scheiben schneiden. **20 g Pistazienkerne** grob hacken und über die Zoats streuen. Wie angegeben mit Mandelmus und Kokosjoghurt garnieren und die Kiwi darauf anrichten.

Kokos-Zoats

Die **Sonnenblumenkerne** im Grundrezept durch **20 g Kokosraspel** ersetzen. Zusätzlich zu Mandelmus und Kokosjoghurt die fertigen Zoats mit **10 g Kokoschips** bestreuen.

INFO Der Begriff „Zoats“ ist eine Wortzusammensetzung aus „Zucchini“ und „Oats“ (Haferflocken). Diese „Zucchini-Haferflocken“ sind die Grundlage für ein leckeres Zucchini-Porridge, das sich vielfältig variieren lässt. Zoats sättigen, sind gesund und schmecken richtig gut.

TIPP Wer mag, püriert eine Handvoll Erdbeeren und pimpt damit die Portionen. Auch ungesüßtes Apfelmus passt sehr gut.

Avocado mit Tomaten-Zucchini-Salat und Microgreens

FÜR 2 PORTIONEN

20 g Pinienkerne
75 g Kirschtomaten
½ kleine Zucchini (75 g)
2 schmale Frühlingszwiebeln
10 g Microgreens (z. B. Senf- oder Rettich-Microgreens) oder Sprossen nach Wahl (z. B. Alfalfa)
2 EL Zitronensaft
Salz
grüner Pfeffer aus der Mühle
1 TL abgeriebene Biozitronenschale
1 Prise Chiliflocken
2 Avocados

ZUBEREITUNGSZEIT 15 MINUTEN

Die **Pinienkerne** in einer Pfanne ohne Fett goldgelb rösten und auf einem Teller abkühlen lassen. ● Inzwischen die **Tomaten** waschen, vierteln und entkernen, dann hacken. **Zucchini** waschen und ungeschält knapp 5 mm groß würfeln. Die **Frühlingszwiebeln** putzen und abbrausen, die weißen Teile hacken, die grünen in Ringe schneiden. Die **Microgreens** abbrausen und trocken tupfen, die Hälfte zum Garnieren beiseitestellen, den Rest grob hacken. Tomaten, Zucchini, Frühlingszwiebeln und gehackte Microgreens in eine Schüssel geben, mit **1 EL Zitronensaft** beträufeln, **salzen, pfeffern** und mit **Zitronenschale** und **Chiliflocken** würzen. ● **Avocados** halbieren und entkernen. Etwas aushöhlen, das ausgelöste Fruchtfleisch würfeln und unter den Gemüsesalat mischen. Die ausgehöhlten Hälften mit restlichem **Zitronensaft** beträufeln, **salzen** und **pfeffern.** Den Salat in die Avocadohälften füllen, auf zwei Teller setzen, mit Pinienkernen bestreuen und mit Microgreens garnieren.

Pro Portion 391 kcal – 38 g F, 7 g KH, 9 g B, 5 g EW

Sprossen oder Microgreens?

Beide werden aus denselben Samen gezogen. Sprossen keimen bei Licht im Glas und werden regelmäßig gespült. Microgreens keimen zunächst abgedeckt bei Dunkelheit auf guter Bioerde oder einem Substrat aus Hanf- oder Kokosfasern. Nach einigen Tagen wachsen sie weiter bei Licht, wobei sie Chlorophyll entwickeln, was sie grundsätzlich etwas gesünder als Sprossen macht. Zu den gesündesten Sprossen zählt Alfalfa, bei den Microgreens enthalten Brokkoli-, Senf- und Grünkohl-Microgreens sowie Kresse besonders viele wirksame Pflanzenstoffe.

Blaubeer-Kakao-Smoothie-Bowl

FÜR 2 PORTIONEN

250 g Blaubeeren
300 ml ungesüßter Mandeldrink
50 g Cashewmus
30 g Leinsamen, frisch geschrotet
15 g dunkles Kakaopulver
15 g Macapulver
Salz
1 Msp. Vanillepulver
10 g Kakaonibs

ZUBEREITUNGSZEIT 10 MINUTEN

Blaubeeren waschen und abtropfen lassen. Etwa 50 g Beeren beiseitelegen, den Rest mit dem **Mandeldrink** in einen (Hochleistungs-)Standmixer geben. **Cashewmus, Leinsamen, Kakao-** und **Macapulver,** eine gute Prise **Salz** und **Vanillepulver** hinzufügen und auf höchster Stufe sehr fein pürieren. ● Die etwas dickliche Masse in zwei Bowls füllen, mit **Kakaonibs** bestreuen und mit den restlichen Blaubeeren garnieren.

Pro Portion 373 kcal – 24 g F, 19 g KH, 18 g B, 14 g EW

Macapulver

Macapulver wird aus der Knolle der Macapflanze gewonnen, die in den peruanischen Anden beheimatet ist und dort von alters her als Nahrungs- und Heilpflanze genutzt wird, da sie reich an Aminosäuren und Mineralien ist und viel Protein liefert.

Orangen-Protein-Bowl mit Pistazien

FÜR 2 PORTIONEN

1 mittelgroße Bioorange (für 100 g Fruchtfilets, 40 ml Saft und 2 TL abgeriebene Schale)
1 Msp. Safranfäden
Salz
1 Dose weiße Bohnen (240 g Abtropfgewicht)
30 g weißes Mandelmus
1 EL Limettensaft
4 TL Acerolapulver (10 g)
60 g Physalis
15 g grüne Pistazienkerne

ZUBEREITUNGSZEIT 20 MINUTEN

Die **Orange** heiß waschen und abtrocknen. Die Schale abreiben, 2 TL abmessen, den Rest anderweitig verwenden. Die Orange über einer Schüssel so schälen, dass auch die weiße Schale entfernt wird, dann die Fruchtfilets herauslösen. Die Fruchtreste gut ausdrücken, den Saft in der Schüssel auffangen. ● Den **Safran** mit etwas **Salz** im Mörser fein zerreiben und mit 40 ml Orangensaft mischen. **Bohnen** abgießen und abtropfen lassen, mit Safranflüssigkeit, **Mandelmus, Limettensaft** und **Acerola** im Blitzhacker fein pürieren, die Orangenschale untermischen und auf zwei Bowls verteilen. **Physalis** aus den Hüllen lösen, waschen, trocken tupfen und mit **Pistazien** und Orangenfilets auf den Smoothie-Bowls verteilen.

Pro Portion 310 kcal – 14 g F, 27 g KH, 12 g B, 14 g EW

Acerola

Die kleinen, kugeligen, roten Früchte des Acerolastrauchs sind aromatisch-sauer und haben einen sehr hohen Vitamin-C-Gehalt. Da die Früchte, die in Süd- und Mittelamerika wachsen, sehr empfindlich sind, kommen sie bei uns als Pulver, Saft oder gefroren in den Handel.

Superfood-Basenbrot

ERGIBT 1 BROT (CA. 1 KG)

- 100 g Kürbiskerne
- 100 g weißes oder braunes LC-Mandelmehl
- 100 g Leinsamen, frisch geschrotet
- 50 g gemahlene Flohsamenschalen
- 100 g Chiasamen
- 15 g Weinsteinbackpulver
- 12 g Salz
- 100 g ungeschälte Mandelkerne
- 50 g Mohnsamen (Blaumohn)
- 30 g Kokosöl
- 1 ½ EL Apfelessig

Außerdem

Kastenform (ca. 24 × 11 cm)

ZUBEREITUNGSZEIT 15 MINUTEN + CA. 15 MINUTEN QUELLEN + 75–85 MINUTEN BACKEN + 10 MINUTEN NACHGAREN

Die **Kürbiskerne** im Blitzhacker zu Mehl verarbeiten und in eine Schüssel geben. **Mandelmehl, Leinsamen, Flohsamenschalen, Chiasamen, Backpulver** und **Salz** hinzufügen und klümpchenfrei gründlich vermengen. Die **Mandeln** grob hacken und mit dem **Mohn** untermischen. • Das **Kokosöl** in 500 ml warmem Wasser auflösen und den **Essig** einrühren. Langsam in die Mehlmischung gießen, dabei mit den Knethaken des Handrührgeräts alles gründlich vermischen, dann noch 3–4 Minuten kneten. Den Teig etwa 15 Minuten quellen lassen. • Inzwischen den Backofen auf 160 °C Umluft vorheizen. Die Kastenform mit Backpapier auslegen. • Den Teig in die vorbereitete Form füllen, gut andrücken, die Oberfläche mit einem Küchenspachtel glätten und mehrmals schräg einritzen. In den vorgeheizten Ofen (Mitte) geben und 75 Minuten backen, dabei nach der halben Zeit die Form einmal umdrehen, damit das Brot gleichmäßig backt. • Am Ende der Backzeit eine Stäbchenprobe machen und nach Bedarf weitere 10 Minuten backen. Ansonsten das Brot 10 Minuten bei ausgeschaltetem Ofen und halb geöffneter Tür nachgaren lassen. Dann aus der Form heben und auf einem Küchengitter vollständig auskühlen lassen, bevor das Brot aufgeschnitten wird.

1 Scheibe (à 40 g): 110 kcal – 8 g F, 1 g KH, 6 g B, 6 g EW

TIPP Das Brot am besten in Scheiben schneiden und portionsweise zwischen Lagen von Backpapier einfrieren.

Kerniges Nussbrot mit Gojibeeren

ERGIBT 1 BROT (CA. 700 G)

75 g graue Chiasamen
30 g getrocknete Gojibeeren
50 g Leinsamen
100 g braunes LC-Mandelmehl
40 g gemahlene Flohsamenschalen
10 g Salz
75 g ungeschälte Mandelkerne
50 g Kürbiskerne
50 g Sonnenblumenkerne
50 g Pekannusskerne
3 EL Olivenöl

Außerdem

Kastenform (ca. 24 × 11 cm)

ZUBEREITUNGSZEIT 25 MINUTEN + 90 MINUTEN BACKEN + 10–15 MINUTEN NACHGAREN

Den Backofen auf 175 °C Umluft vorheizen. Die Kastenform mit Backpapier auslegen. ● **Chiasamen** und **Gojibeeren** in eine Schale geben, mit 350 ml heißem Wasser (etwa 70 °C) mischen, mehrfach umrühren und bis zur Verwendung quellen lassen. ● Die **Leinsamen** im Blitzhacker fein mahlen und in eine Schüssel geben. **Mandelmehl, Flohsamenschalen** und **Salz** hinzugeben und mischen. Die **Mandeln** grob hacken und mit **Kürbiskernen, Sonnenblumenkernen** und **Pekannusshälften** untermischen. ● Die Chia-Mischung mit den Knethaken des Handrührgeräts in die trockene Mischung einarbeiten und 3–4 Minuten kneten. Das **Öl** hinzugeben und 1 Minute weiterkneten. Den noch krümeligen Teig mit den Händen gründlich durchkneten und in die vorbereitete Form geben. Fest andrücken und mit angefeuchteten Händen glätten. ● Im vorgeheizten Ofen (Mitte) 90 Minuten backen, dabei nach der halben Zeit die Form drehen, damit das Brot gleichmäßig backt. Im ausgeschalteten Ofen weitere 10–15 Minuten nachgaren lassen. Dann aus der Form heben, das Backpapier ablösen und das Brot auf einem Küchengitter vollständig auskühlen lassen.

1 Scheibe (à 25 g): 96 kcal – 7 g F, 2 g KH, 5 g B, 5 g EW

TIPP Das Brot geht beim Backen nicht auf, dadurch ist es flacher und kompakter. Durch die vielen Nüsse ist es sehr gehaltvoll und sättigend. Deshalb in dünne Scheiben (à etwa 25 g) schneiden. Am besten im Kühlschrank aufbewahren oder in Scheiben schneiden und zwischen Lagen von Backpapier in eine Clipbox füllen, einfrieren und portionsweise entnehmen.

Knuspriges Saaten-Knäckebrot

FÜR CA. 460 G KNÄCKEBROT

125 g Mohnsamen (Blaumohn), nach Belieben frisch gemahlen oder ganz
100 g Leinsamen, frisch geschrotet
100 g geschälte Sesamsaat
70 g gemahlene Mandelkerne
60 g Leinsamenmehl
10 g Salz
4 EL glutenfreie Sojasauce (Tamari)
1 ½ EL Rapsöl

ZUBEREITUNGSZEIT 10 MINUTEN + 10 MINUTEN QUELLEN + CA. 18–21 MINUTEN BACKEN

Mohn, Leinsamen, Sesamsaat, Mandeln, Leinsamenmehl und **Salz** in einer Schüssel mischen. **Sojasauce, Öl** und 180 ml kaltes Wasser dazugeben, gründlich durchrühren und den Teig etwa 10 Minuten quellen lassen. ● Inzwischen den Backofen auf 200 °C Umluft vorheizen. Zwei Bleche mit Backpapier auslegen. ● Den Teig halbieren, jeweils auf ein vorbereitetes Blech geben, mit Frischhaltefolie abdecken und mit dem Rollholz so gleichmäßig wie möglich (circa 4 mm dünn) bis etwa 1 cm zum Blechrand hin ausrollen. Die Folien entfernen. ● Die Bleche in den vorgeheizten Ofen schieben und etwa 18 Minuten backen. Nach der Hälfte der Zeit die Bleche wechseln und gleichzeitig drehen, sodass das Knäckebrot gleichmäßig bräunt. Prüfen, ob es knusprig genug ist, nach Bedarf noch 2–3 Minuten weiterbacken. ● Herausnehmen, auskühlen lassen, das Knäckebrot in beliebig große Stücke brechen und in einer Blechdose oder Clipbox aufbewahren. Es ist mindestens 4 Wochen haltbar.

1 Scheibe (à ca. 14 g): 73 kcal – 6 g F, 1 g KH, 3 g B, 4 g EW

TIPP Für gleich große Scheiben den ausgerollten Teig mit einem großen Messer in Viertel teilen. Jedes Viertel nochmals vierteln, sodass pro Blech 16 Stücke entstehen.

Mohnsamen

Damit die kleinen Samen ihr Aroma entfalten können, sollten sie am besten gemahlen werden. Dazu braucht man eine spezielle Mohnmühle. Oder man kauft gemahlenen Mohn und verwendet ihn zeitnah. Manchmal steht eine Mühle im Reformhaus, im Bioladen oder auch im Supermarkt.

Aufstriche

Zitroniger Rucola-Cashew-Aufstrich

Für 2 Portionen – Zubereitungszeit 10 Minuten

25 g Rucola waschen, trocken schleudern und grob hacken. Mit **50 g Cashewkernen** im Blitzhacker sehr fein hacken. **50 g Cashewmus, 1 ½ EL Zitronensaft, 2 TL abgeriebene Biozitronenschale** und **1 EL weißes Miso** hinzugeben und weiter fein pürieren. Nach und nach 1 ½–2 EL Wasser einarbeiten, bis die gewünschte Konsistenz erreicht ist. Zum Schluss mit **5 g Microgreens** oder **Sprossen** nach Wahl bestreuen.

Pro Portion 309 kcal – 24 g F, 12 g KH, 2 g B, 10 g EW

Avocadocreme mit Microgreens

Für 2 Portionen – Zubereitungszeit 10 Minuten

150 g Avocado-Fruchtfleisch mit einer Gabel zerdrücken. Mit **2–3 TL Zitronensaft, 1 TL abgeriebener Biozitronenschale,** etwas **Kräutersalz** und **grünem Pfeffer aus der Mühle** würzen. **1 große Handvoll Microgreens** (zum Beispiel Grünkohl-, Brokkoli- oder Rucola-Microgreens) oder **Sprossen** nach Wahl (etwa 15 g) abbrausen und trocken tupfen. Einige ganz lassen, den Rest fein hacken und mit **20 g geschälten Hanfsamen** unter die Avocado mischen. Mit ganzen **Microgreens** bestreuen.

Pro Portion 233 kcal – 23 g F, 1 g KH, 5 g B, 5 g EW

Pikante Karottencreme mit Curry

Für 2 Portionen – Zubereitungszeit 20 Minuten

150 g Karotten schälen, grob in Stücke schneiden und mit **70 g Cashewkernen** im Blitzhacker zu feinem „Grieß" zerkleinern. **15 g Kokosöl** in einem Topf erhitzen und die Karottenmischung bei gut mittlerer Hitze unter Rühren 3 Minuten andünsten. **1 TL Currypulver** untermischen. **50 ml Orangensaft** angießen und unter Rühren einkochen. Vom Herd nehmen, lauwarm abkühlen lassen, dann im Blitzhacker zu einer Paste verarbeiten. Mit **Salz, schwarzem Pfeffer aus der Mühle, 1 TL Limettensaft** und **1 Prise Cayennepfeffer** pikant abschmecken.

Pro Portion 312 kcal – 25 g F, 14 g KH, 4 g B, 8 g EW

Mediterraner Feta-Tomaten-Aufstrich

Für 2 Portionen – Zubereitungszeit 15 Minuten

30 g getrocknete Tomaten (ohne Öl) mit kochend heißem Wasser übergießen und 10 Minuten quellen lassen. **1 Knoblauchzehe** schälen und fein hacken. **1 Bund Basilikum** (15 g Blätter) abbrausen und trocken schütteln. Einige Blätter zum Garnieren beiseitelegen, den Rest grob hacken. **150 g veganen Feta** in Stücke brechen. Tomaten abgießen, dabei die Flüssigkeit auffangen, und trocken tupfen. Die Tomaten hacken und mit den anderen Zutaten im Blitzhacker so fein wie möglich hacken. Nach und nach 2–3 EL der Einweichflüssigkeit hinzugeben und cremig pürieren, bis die gewünschte Konsistenz erreicht ist. Mit **schwarzem Pfeffer aus der Mühle** und **1 Prise Chiliflocken** würzen. Mit Basilikumblättern garnieren.

Pro Portion 220 kcal – 17 g F, 15 g KH, 0 g B, 2 g EW

Avocadocreme mit
Microgreens
Pikante Karottencreme
mit Curry
Zitroniger Rucola-
Cashew-Aufstrich
Mediterraner Feta-
Tomaten-Aufstrich

JUNGBRUNNEN-SALATE

Gesünder geht es kaum

Salate sind die Könige der pflanzenbasierten Ernährung und deshalb ein wichtiger Bestandteil des Meta-Ernährungscodes. Unverarbeitet, am besten frisch aus dem Garten und mit Kräutern verfeinert, kommen alle guten Inhaltsstoffe direkt auf den Teller. Verjüngungskur pur. Und: gut für den Blutzuckerspiegel. Denn dank der vielen Ballaststoffe bleiben Sie garantiert lange satt.

Aromatischer Rote-Bete-Salat mit Balsamico-Linsen und Granatapfel

FÜR 2 PORTIONEN

100 g Belugalinsen oder Berglinsen
1 Lorbeerblatt
Salz
3 EL Balsamico-Essig
schwarzer Pfeffer aus der Mühle
150 g gegarte Rote Bete (vakuumverpackt)
1 ½ EL Zitronensaft (evtl. etwas mehr)
1 TL Dijonsenf
1 TL flüssiger Honig (z. B. Akazienhonig)
1 TL abgeriebene Biozitronenschale
1 kleines Bund glatte Petersilie
2 schmale Frühlingszwiebeln
100 g veganer Feta
20 g Walnusskerne
1–2 Prisen Chiliflocken
50 g ausgelöste Granatapfelkerne

ZUBEREITUNGSZEIT 20 MINUTEN + 25–30 MINUTEN KÖCHELN

Die **Linsen** in ein Sieb geben, abbrausen, mit 300 ml Wasser und dem **Lorbeerblatt** in einen Topf geben und aufkochen. Die Hitze reduzieren und abgedeckt 25–30 Minuten köcheln lassen. Abgießen und ausdampfen lassen, das Lorbeerblatt entfernen. Die Linsen erst jetzt **salzen,** den **Essig** zugeben, **pfeffern,** vermengen und lauwarm abkühlen lassen, dabei ab und zu umrühren. • Inzwischen die **Roten Beten** trocken tupfen, in 2 mm dünne Scheiben hobeln, **salzen, pfeffern** und in eine Schüssel geben. **Zitronensaft, Senf, Honig, Zitronenschale** mit etwas **Salz** und **Pfeffer** verrühren und über die Roten Beten geben. Unter gelegentlichem Umrühren bis zur Verwendung marinieren. • Die **Petersilie** abbrausen, trocken schütteln und hacken. **Frühlingszwiebeln** putzen, abbrausen und in Ringe schneiden. Den **Feta** quer halbieren und dann würfeln. Die **Walnusskerne** grob hacken. • Die Linsen unter die Roten Beten mischen und noch mal mit **Salz, Pfeffer, Chiliflocken** und nach Belieben mehr **Zitronensaft** abschmecken. Petersilie unterheben. • Auf zwei Schalen verteilen, mit Frühlingszwiebeln, Feta, Walnüssen und **Granatapfelkernen** bestreuen.

Pro Portion 479 kcal – 19 g F, 60 g KH, 12 g B, 16 g EW

Fruchtiger Staudensellerie-Avocado-Salat mit Zitronen-Tofu

FÜR 2 PORTIONEN

Für den Zitronen-Tofu

200 g Tofu Natur
3 EL Zitronensaft
1 ½ EL flüssiger Honig (z. B. Akazienhonig)
1 ½ EL weißes Miso
1 TL abgeriebene Biozitronenschale
Salz
grüner Pfeffer aus der Mühle
3 EL Olivenöl
1–2 TL Speisestärke
1 EL naturtrüber Apfelessig

Für den Salat

3–4 Stangen Staudensellerie (insgesamt ca. 100 g)
½ Biosalatgurke (ca. 200 g)
100 g Blaubeeren
50 g Rucola
1 reife Avocado (125 g Fruchtfleisch)
1 TL abgeriebene Biozitronenschale
Flockensalz

ZUBEREITUNGSZEIT 35 MINUTEN + MIND. 2 STUNDEN MARINIEREN

Für den Zitronen-Tofu mit Küchenpapier aus dem **Tofu** so viel Flüssigkeit wie möglich herausdrücken, anschließend den Tofu in mundgerechte Stücke zerpflücken (so kann er die Marinade besser aufnehmen, als wenn man ihn in Würfel schneidet) und erneut ausdrücken. ● **Zitronensaft** mit **Honig** und **Miso** glatt rühren, die **Zitronenschale** zugeben, **salzen** und **pfeffern.** Den Tofu mit der Marinade in eine Clipbox geben, vermischen und im Kühlschrank mindestens 2 Stunden marinieren, dabei öfter schütteln und wenden. ● Für den Salat den **Sellerie** waschen, die Fäden abziehen und den Sellerie quer in schmale Scheiben schneiden. Die **Gurke** waschen und ungeschält in 5 mm dicke kurze Stifte schneiden oder hobeln. Die **Blaubeeren** abbrausen und trocken tupfen. Den **Rucola** waschen und trocken schleudern. Die **Avocado** längs halbieren, entkernen, das Fruchtfleisch auslösen und in Spalten schneiden. Alles in eine Schüssel geben und locker mischen. ● Den Tofu abgießen und abtropfen lassen, die Marinade dabei auffangen. Die Hälfte des **Öls** in einer Pfanne erhitzen, den Tofu trocken tupfen, mit der **Speisestärke** bestäuben, überschüssige Stärke abklopfen und zunächst bei starker, dann bei gut mittlerer Hitze 5 Minuten unter häufigem Rühren goldbraun braten. ● Inzwischen die Tofu-Marinade mit dem **Apfelessig** verrühren, **salzen** und **pfeffern,** dann das restliche **Öl** kräftig unterrühren. Über den Salat träufeln und vermischen. ● Den Salat in zwei Schalen füllen, darauf den Tofu verteilen, mit **Zitronenschale** und etwas **Flockensalz** bestreuen und sofort servieren.

Pro Portion 476 kcal – 38 g F, 15 g KH, 10 g B, 18 g EW

Grünkohl-Pfifferling-Salat mit Roter Bete

FÜR 2 PORTIONEN

250 g Pfifferlinge
1 EL Rapsöl
Salz
schwarzer Pfeffer aus der Mühle
100 g Grünkohl (alternativ Schwarzkohl oder Rucola)
150 g gegarte Rote Beten (vakuumverpackt)
2 EL Balsamico-Essig
2 EL Weißwein-Balsamico-Essig
1 EL Dijonsenf
1 TL flüssiger Honig (z. B. Akazienhonig)
3 EL Olivenöl
100 g Himbeeren (alternativ Rote Johannisbeeren)
30 g Pekannusskerne

ZUBEREITUNGSZEIT 40 MINUTEN

Die **Pfifferlinge** trocken putzen, weiche oder verschmutzte Stellen wegschneiden. Größere Pfifferlinge halbieren oder vierteln, kleinere ganz lassen. Eine Pfanne vorheizen und die Pilze im **Rapsöl** bei starker Hitze unter häufigem Rühren 10 Minuten braten, erst dann **salzen** und **pfeffern.** • Inzwischen vom **Grünkohl** das Blattgrün von der dicken mittleren Blattrippe in kleinen Stücken abzupfen, dann gründlich waschen, trocken schleudern und in eine Schüssel geben. • **Rote Beten** etwa 1 cm groß würfeln, in eine Schüssel geben, **salzen, pfeffern,** mit dem **Balsamico-Essig** beträufeln, mischen und bis zur Verwendung marinieren, dabei ab und zu umrühren. • **Weißwein-Balsamico-Essig** mit **Senf, Honig,** etwas **Salz** und **Pfeffer** verrühren, dann das **Olivenöl** kräftig unterrühren. Das Dressing über den Grünkohl geben und 2–3 Minuten mit den Händen durchkneten, bis der Grünkohl weicher wird. Die **Himbeeren** behutsam abbrausen und trocken tupfen. • Den Grünkohl auf zwei Teller verteilen, Pfifferlinge und Rote Beten darauf anrichten und mit Himbeeren und **Pekannüssen** garnieren.

Pro Portion 430 kcal – 33 g F, 25 g KH, 13 g B, 9 g EW

Dazu passt knuspriger Schinken: 100 g Serranoschinken in Scheiben auf ein mit Backpapier ausgelegtes Backblech legen und mit 1 TL Olivenöl bestreichen. Bei 220 °C Ober-/Unterhitze etwa 8 Minuten kross backen.

Traubensalat mit Feta und Minze

FÜR 2 PORTIONEN

Für das Dressing

1 EL weißes Miso
1 EL flüssiger Honig (z. B. Akazienhonig)
3 EL Limettensaft
2 EL Ingwersaft (100 %)
2 TL abgeriebene Biolimettenschale
Salz
grüner Pfeffer aus der Mühle
2 EL Rapsöl

Für den Salat

250 g grüner Spargel (geputzt 200 g; alternativ schmale, feste Zucchini)
250 g Biogurke oder Snackgurken
Salz
150 g kleine kernlose grüne Weintrauben
150 g veganer Feta
2 Handvoll Microgreens (z. B. Senf- oder Rettich-Microgreens; alternativ Sprossen nach Wahl (ca. 20 g))
10–12 Stängel Minze
30 g grüne Pistazienkerne

ZUBEREITUNGSZEIT 20 MINUTEN

Für das Dressing **Miso** und **Honig** verrühren, dann nach und nach **Limettensaft** und **Ingwersaft** einarbeiten. Die **Limettenschale** hinzugeben, **salzen** und **pfeffern,** dann das **Öl** kräftig unterrühren. ● Für den Salat den **Spargel** waschen, die holzigen Enden entfernen, dann in 1 cm lange Stücke schneiden. Die **Gurke** waschen und knapp 1 cm groß würfeln. Beides in eine Schüssel geben, mischen und **salzen.** Die **Weintrauben** abzupfen, waschen, trocken tupfen, halbieren und untermischen. Den **Feta** etwa 5 mm groß würfeln und hinzugeben. Die **Microgreens** abbrausen und trocken tupfen. Die **Minze** abbrausen, trocken schütteln, kleinere Minzeblätter beiseitelegen, die größeren zerzupfen und mit den Microgreens in die Schüssel geben. ● Das Dressing über den Salat träufeln, vermengen und in zwei Schalen füllen. Mit **Pistazien** und Minzeblättern garnieren.

Pro Portion 486 kcal – 35 g F, 34 g KH, 6 g B, 8 g EW

Ingwersaft

100-prozentigen Ingwersaft kann man im Bioladen oder Reformhaus kaufen, aber am besten entsaftet man selbst Bioingwer. Dieser muss nur gewaschen, also nicht geschält werden. Der Saft hält im Kühlschrank übrigens mehrere Tage und wird in diesem Buch auch für Shots verwendet (siehe Seite 180).

Mediterraner Auberginensalat

FÜR 2 PORTIONEN
400 g schmale violette Auberginen (Ø 3–4 cm; geputzt 350 g)
Salz
30 g Pinienkerne
200 g Kirschtomaten
schwarzer Pfeffer aus der Mühle
40 g schwarze Oliven mit Stein (entsteint 30 g)
60 g veganer Feta
2–3 Stängel Basilikum
4 EL Olivenöl
2 EL Balsamico-Essig

ZUBEREITUNGSZEIT 30 MINUTEN
Die **Auberginen** waschen, trocken tupfen und schräg in 1 cm dicke Scheiben schneiden. Von beiden Seiten **salzen,** in ein Sieb geben und 10 Minuten stehen lassen. • Inzwischen die **Pinienkerne** in einer Pfanne ohne Fett goldgelb rösten und auf einem Teller abkühlen lassen. • Die **Tomaten** waschen, halbieren, **salzen** und **pfeffern.** Die **Oliven** halbieren und entsteinen. Den **Feta** grob reiben. Das **Basilikum** abbrausen, trocken schütteln und die Blätter abzupfen. • Die Auberginenscheiben gründlich mit Küchenpapier ausdrücken. In einer großen Pfanne **2 EL Öl** erhitzen. Die Auberginen hineingeben und 3 Minuten bei mittlerer Hitze braten. Restliches **Öl** darüberträufeln, dann wenden und weitere 2–3 Minuten braten. In eine Schüssel geben, **pfeffern,** den **Balsamico-Essig** darüberträufeln und mischen. Tomaten und Oliven hinzufügen und vermengen. • Den Salat auf zwei Schalen oder Teller verteilen, geriebenen Feta darübergeben, mit Pinienkernen bestreuen und mit Basilikum garnieren.

Pro Portion 455 kcal – 39 g F, 22 g KH, 6 g B, 5 g EW

Dazu passen Omelettwürfel: 2 Eier (Größe M) mit 1–2 EL Mineralwasser und etwas Salz verquirlen. 1 TL Olivenöl in einer Pfanne erhitzen, die Eiermasse hineingießen und 1–2 Minuten stocken lassen. Das Omelett wenden, noch kurz backen, dann auf einen Teller geben und etwas abkühlen lassen. In Würfel schneiden und über die Portionen streuen.

Gurken-Avocado-Platte mit Brombeeren und Microgreens

FÜR 2 PORTIONEN

25 g Pinienkerne
40 g Babyspinat
125 g Brombeeren
1 Handvoll Microgreens (z. B. Rucola- oder Grünkohl-Microgreens; alternativ Sprossen nach Wahl (ca. 10 g))
125 g Minigurken
1 Avocado (125 g Fruchtfleisch)
Salz
grüner Pfeffer aus der Mühle
1 EL Weißwein-Balsamico-Essig
1 TL Dijonsenf
3 EL Olivenöl

ZUBEREITUNGSZEIT 20 MINUTEN

Die **Pinienkerne** in einer Pfanne ohne Fett goldgelb rösten und auf einem Teller abkühlen lassen. ● Inzwischen den **Spinat** waschen und trocken schleudern. **Brombeeren** und **Microgreens** behutsam abbrausen und trocken tupfen. ● Die **Gurken** waschen und in 2 mm dünne Scheiben hobeln. Die **Avocado** vierteln, entkernen, das Fruchtfleisch auslösen und quer in Scheiben schneiden. Gurken- und Avocadoscheiben **salzen** und **pfeffern.** Zwei Schalen oder Teller mit dem Babyspinat auslegen, darauf Gurken- und Avocadoscheiben verteilen. ● Den **Essig** mit **Senf,** etwas **Salz** und **Pfeffer** verrühren, dann das **Öl** kräftig unterrühren. Das Dressing über die Salate träufeln. Darauf die Brombeeren verteilen, dabei nach Belieben große Früchte in Scheiben schneiden. Microgreens in kleinen Bündeln dazwischensetzen und Pinienkerne darüberstreuen.

Pro Portion 406 kcal – 38 g F, 11 g KH, 8 g B, 5 g EW

Spargelsalat mit Blaubeeren, Mozzarella und Walnüssen

FÜR 2 PORTIONEN

60 g Rucola
400 g grüner Spargel (geputzt 350 g)
Salz
200 g Kirschtomaten
200 g Blaubeeren
100 g veganer Mozzarella
2 EL Weißwein-Balsamico-Essig
schwarzer Pfeffer aus der Mühle
1 EL Dijonsenf
1 TL flüssiger Honig (z. B. Akazienhonig)
4 EL Olivenöl
30 g Walnusskerne
3–4 Stängel Basilikum

ZUBEREITUNGSZEIT 20 MINUTEN

Den **Rucola** waschen, trocken schleudern und auf zwei Schalen oder Teller verteilen. ● Den **Spargel** waschen, die holzigen Enden entfernen, dann den Spargel schräg in 3 cm lange Stücke schneiden. Etwas Wasser in eine Pfanne geben, sodass der Boden bedeckt ist, leicht **salzen** und aufkochen. Die unteren, dickeren Spargelstücke einlegen und abgedeckt 1 Minute dämpfen. Dann mittlere Stücke und Spitzen hinzugeben und weitere 2 Minuten bissfest garen. Abgießen und eiskalt abschrecken. ● Inzwischen die **Tomaten** waschen und halbieren. Die **Blaubeeren** waschen und trocken tupfen. Den **Mozzarella** trocken tupfen und klein würfeln. Alles mit dem Spargel auf dem Rucola verteilen. ● Den **Essig** mit **Salz, Pfeffer, Senf** und **Honig** verrühren, dann das **Öl** kräftig unterrühren. Das Dressing über die Salate träufeln. Die **Walnüsse** in Stücke brechen und darüberstreuen. Das **Basilikum** abbrausen, die Blätter abzupfen und die Salate damit garnieren.

Pro Portion 492 kcal – 39 g F, 25 g KH, 10 g B, 9 g EW

Lupinen-Spargel-Taboulé mit Feta-Granatapfel-Topping

FÜR 2 PORTIONEN

Für das Taboulé

- 1 großes Bund glatte Petersilie
- 8–10 Stängel Minze
- 200 g grüner Spargel (geputzt 150 g)
- 2 schmale Frühlingszwiebeln
- 200 g eingelegte Lupinenkerne aus dem Glas (Abtropfgewicht; geschält 150 g)
- 2 EL Zitronensaft
- 1 TL abgeriebene Biozitronenschale
- Salz
- schwarzer Pfeffer aus der Mühle
- 3 EL Olivenöl

Für das Topping

- 20 g ungeschälte Mandelkerne
- 100 g veganer Feta
- 50 g ausgelöste Granatapfelkerne

ZUBEREITUNGSZEIT 45 MINUTEN

Für das Taboulé **Petersilie** und **Minze** waschen und gut trocken tupfen. Die Blätter abzupfen, im Blitzhacker grob hacken und in eine Schüssel geben. Den **Spargel** waschen und lediglich die holzigen Enden wegschneiden. Die Spargelköpfe abschneiden und beiseitelegen, die Stangen in Stücke schneiden und im Blitzhacker in kurzen Intervallen grob hacken. Die **Frühlingszwiebeln** putzen, abbrausen und in schmale Ringe schneiden. Mit dem gehackten Spargel unter die Kräuter heben. • Die **Lupinenkerne** abgießen, die Kerne aus den festen Schalen drücken und im Blitzhacker zur Größe von Couscous oder Bulgur hacken. Ebenfalls untermischen. • Den **Zitronensaft** mit **Zitronenschale** und etwas **Salz** und **Pfeffer** verrühren, dann das **Öl** kräftig unterrühren, sofort über den Salat träufeln, vermengen und auf zwei Schalen verteilen. • Für das Topping die **Mandeln** grob hacken, den **Feta** klein würfeln und beides mit den **Granatapfelkernen** auf den Salaten verteilen. Die Spargelköpfe nach Belieben längs halbieren und darüberstreuen.

Pro Portion 570 kcal – 41 g F, 21 g KH, 12 g B, 31 g EW

TIPP Besonders attraktiv sieht es aus, wenn man den Salat formt. Dazu einen Speisering auf einen Teller setzen, die Hälfte des Salats einfüllen, leicht andrücken, den Ring abziehen und toppen. Auf die gleiche Weise die zweite Portion anrichten.

Champignon-Spargel-Salat mit Salzzitronen-Gremolata

FÜR 2 PORTIONEN

Für die Gremolata

40 g Kürbiskerne
½ Salzzitrone
1 TL fermentierte schwarze Pfefferkörner oder eingelegte grüne Pfefferkörner

Für den Salat

50 g Rucola
500 g braune Champignons (geputzt ca. 350 g)
Salz
4 EL Olivenöl
500 g grüner Spargel (geputzt 400 g)
schwarzer Pfeffer aus der Mühle
1 EL Dijonsenf

ZUBEREITUNGSZEIT 45 MINUTEN

Für die Gremolata die **Kürbiskerne** in einer Pfanne ohne Fett rösten, bis sie knistern und sich etwas aufblähen. Abkühlen und hacken. • Inzwischen das weiche Innere aus der **Salzzitrone** herauskratzen und entsorgen, die Schale trocken tupfen und winzig klein würfeln. Den **Pfeffer** hacken. Beides mit den Kürbiskernen mischen und beiseitestellen. • Für den Salat den **Rucola** waschen und trocken schleudern. Die **Champignons** trocken putzen, die Stiele herausdrehen oder knapp wegschneiden, die Kappen halbieren oder vierteln. Eine große Pfanne stark erhitzen und die Pilze darin ohne Fett 3 Minuten unter Rühren braten. **Salzen,** 1 EL **Öl** hinzugeben und 1–2 Minuten fertig braten. Ein Sieb auf eine Schüssel stellen und die Pilze darin abtropfen lassen. • Den **Spargel** waschen, die holzigen Enden entfernen, dann in 3–4 cm lange Stücke schneiden, dickere Stücke längs halbieren, Spargelspitzen zunächst beiseitelegen. In derselben Pfanne 1 EL **Öl** erhitzen und die Spargelstücke darin je nach Dicke 2–3 Minuten bei gut mittlerer Hitze unter häufigem Rühren braten. Die Spargelspitzen hinzugeben, weitere 2 Minuten braten, herausnehmen, **salzen** und **pfeffern.** • Die abgetropfte Pilzflüssigkeit in einem kleinen Topf auf 2 EL einkochen lassen, mit dem **Senf** verrühren, **salzen** und **pfeffern,** dann das restliche **Öl** kräftig unter das Dressing rühren. • Rucola, Pilze und Spargel in eine Schüssel geben, das Dressing darüberträufeln und mischen, dann in zwei Schalen füllen und mit der Gremolata bestreut servieren.

Pro Portion 389 kcal – 31 g F, 6 g KH, 9 g B, 20 g EW

Dazu passen Eier: 2 hart gekochte Eier (Größe M) schälen, hacken und über die Portionen streuen.

Fermentierter schwarzer Pfeffer

Bei dieser Gewürzspezialität werden Pfefferkörner in Meersalz fermentiert, wodurch der Pfeffer ein besonderes würzig-mildes Aroma erhält. Fermentierte Pfefferkörner sind weich, sie eignen sich deshalb nicht für die Pfeffermühle.

Champignonsalat mit Miniblumenkohlsteaks

FÜR 2 PORTIONEN

100 g Rucola
2–3 große, feste Blumenkohlröschen (in Scheiben 125 g)
4 ½ EL Olivenöl
Salz
schwarzer Pfeffer aus der Mühle
250 g Champignons (geputzt 175 g)
2 EL Balsamico-Essig
1 TL flüssiger Honig (z. B. Akazienhonig)
1 EL Dijonsenf
1 kleine Avocado (100 g Fruchtfleisch)
25 g getrocknete Cranberrys

ZUBEREITUNGSZEIT 35 MINUTEN

Den **Rucola** waschen, trocken schleudern und zwei große Schalen oder Teller damit auslegen. • Die **Blumenkohlröschen** waschen, trocken tupfen und in 5 mm dünne Scheiben schneiden. In einer großen Pfanne 1 EL **Öl** erhitzen, die Blumenkohlscheiben nebeneinander hineingeben und bei mittlerer Hitze insgesamt 5–6 Minuten braten, dabei gelegentlich wenden. **Salzen, pfeffern,** die Blumenkohlsteaks herausnehmen und etwas abkühlen lassen. • Inzwischen die **Champignons** trocken putzen, die Stiele herausdrehen und die Kappen je nach Größe halbieren, vierteln oder ganz lassen. Dieselbe Pfanne stark erhitzen. Die Pilze darin 4–5 Minuten ohne weiteres Fett braten, dabei öfter umrühren. Erst zum Schluss ½ EL **Öl** hinzugeben, **salzen** und **pfeffern.** • **Essig** mit **Honig, Senf,** etwas **Salz** und **Pfeffer** verrühren, dann das restliche **Öl** (3 EL) kräftig zu einer Vinaigrette unterrühren. Die **Avocado** halbieren, entkernen, das Fruchtfleisch auslösen und quer in dünne Scheiben schneiden. • Blumenkohlsteaks und Champignons auf dem Rucola verteilen. Die Avocadoscheiben darauf fächerartig anrichten. Mit der Vinaigrette beträufeln und **Cranberrys** darüberstreuen.

Pro Portion 431 kcal – 36 g F, 19 g KH, 8 g B, 8 g EW

Bunter Gurken-Avocado-Salat

FÜR 2 PORTIONEN

2 Salatgurken (à 400 g)
Salz
250 g bunte Kirschtomaten
grüner Pfeffer aus der Mühle
2 längliche Schalotten (möglichst rote)
1 große reife Avocado (150 g Fruchtfleisch)
1 großes Bund Koriandergrün (zarte Stiele und Blätter)
2 EL Zitronensaft
1 EL Dijonsenf
1 TL flüssiger Honig (z. B. Akazienhonig)
2 ½ EL Olivenöl
2 TL abgeriebene Biozitronenschale
30 g grüne Pistazienkerne

ZUBEREITUNGSZEIT 20–25 MINUTEN

Die **Gurken** schälen und mit dem Sparschäler das Fruchtfleisch in Streifen abziehen (das weiche Innere mit den Kernen nicht verwenden). Die Streifen dritteln, in ein Sieb geben, kräftig **salzen** und bis zur Verwendung stehen lassen. ● Die **Tomaten** waschen, halbieren, in eine Schüssel geben, **salzen** und **pfeffern.** Die **Schalotten** schälen, in hauchdünne Ringe schneiden und hinzufügen. Die **Avocado** vierteln, entkernen, das Fruchtfleisch auslösen und quer in Stücke schneiden, dann **salzen** und **pfeffern.** Das **Koriandergrün** abbrausen, trocken schütteln, einige Blätter zum Garnieren beiseitestellen, die restlichen Blätter und zarte Stiele grob hacken und mit der Avocado ebenfalls in die Schüssel geben. ● Den **Zitronensaft** mit **Senf, Honig,** etwas **Salz** und **Pfeffer** verrühren, dann das **Öl** kräftig unterrühren und die **Zitronenschale** untermischen. ● Die Gurken mit mehreren Lagen Küchenpapier kräftig ausdrücken, sodass sie kaum noch Flüssigkeit enthalten. Auflockern, in die Schüssel mit der Tomaten-Avocado-Mischung geben und vermengen. Das Dressing darüberträufeln und mischen. ● Die **Pistazien** über den Salat streuen und mit Korianderblättern garnieren.

Pro Portion 437 kcal – 38 g F, 14 g KH, 9 g B, 8 g EW

Würzig gebratener Kichererbsen-Zucchini-Pot

FÜR 2 PORTIONEN

30 g Pinienkerne
200 g Tomaten (entkernt 125 g)
Salz
schwarzer Pfeffer aus der Mühle
350 g feste Zucchini
3 EL Olivenöl
1 Dose Kichererbsen (240 g Abtropfgewicht)
1 Bund glatte Petersilie
8–10 Stängel Minze
2 Knoblauchzehen
2 TL Baharat, Currypulver oder Ras el-Hanout
½ TL gemahlener Kreuzkümmel (Cumin)
1 EL flüssiger Honig (z. B. Akazienhonig)
1–2 Prisen Chiliflocken

ZUBEREITUNGSZEIT 35 MINUTEN

Die **Pinienkerne** in einer Pfanne ohne Fett goldgelb rösten und auf einem Teller abkühlen lassen. • Inzwischen die **Tomaten** waschen, halbieren und entkernen, dann 1 cm groß würfeln, **salzen, pfeffern** und beiseitestellen. • Die **Zucchini** waschen, längs in 1,5 cm dicke lange Scheiben schneiden und diese dann würfeln. 1 ½ EL **Öl** in einer großen Pfanne erhitzen, erst die festeren Zucchiniwürfel (mit grüner Schale) 1 Minute braten, dann die weißen (weicheren) Würfel hinzugeben und weitere 2 Minuten bissfest rührbraten. **Salzen, pfeffern** und in eine Schüssel geben. • Die **Kichererbsen** abgießen, abbrausen und trocken tupfen. In der Pfanne im restlichen **Öl** bei starker Hitze 5 Minuten braten, bis sie leicht gebräunt sind, dabei gelegentlich umrühren. • In der Zwischenzeit die **Kräuter** abbrausen, trocken schütteln, einige Minzeblätter zum Garnieren beiseitelegen, den Rest nicht zu fein hacken. Die **Knoblauchzehen** schälen und fein hacken. • Die Hitze auf knapp mittlere Stufe reduzieren, **Gewürzmischung** und **Kreuzkümmel** über die Kichererbsen stäuben und mit dem Knoblauch untermischen. Den **Honig** darüberträufeln und weitere 2 Minuten rührbraten. Mit **Salz, Pfeffer** und **Chiliflocken** abschmecken und vom Herd nehmen. • Tomaten und Kräuter zu den Zucchiniwürfeln in die Schüssel geben und mischen. Die Kichererbsen darauf verteilen, den Salat in zwei Schalen füllen, mit den Pinienkernen bestreuen und mit Minze garnieren.

Pro Portion 454 kcal – 27 g F, 33 g KH, 10 g B, 15 g EW

Kartoffel-Brokkoli-Salat mit Kirschtomaten

FÜR 2 PORTIONEN

300 g festkochende kleine Kartoffeln (z. B. Bamberger Hörnle oder Drillinge; gepellt 250 g)
Salz
2 EL Weißwein-Balsamico-Essig
1 ½ EL körniger Senf
1 TL flüssiger Honig (z. B. Akazienhonig)
schwarzer Pfeffer aus der Mühle
4 EL Olivenöl
200 g Brokkoliröschen
100 g Kirschtomaten
½ Dose Kichererbsen (z. B. schwarze Kichererbsen (120 g Abtropfgewicht))
1 kleines Bund glatte Petersilie (nach Belieben)
1–2 schmale Frühlingszwiebeln
20 g Walnusskerne

ZUBEREITUNGSZEIT 35 MINUTEN + 30 MINUTEN DURCHZIEHEN

Die **Kartoffeln** waschen, in einen Topf geben, mit Wasser bedecken, leicht **salzen** und aufkochen. Die Hitze reduzieren und etwa 20 Minuten gar kochen. ● Inzwischen **Essig, Senf, Honig,** etwas **Salz** und **Pfeffer** vermischen, dann das **Öl** kräftig zu einer Vinaigrette unterrühren. ● Den **Brokkoli** waschen, in mundgerechte Röschen teilen, in einen Dämpfeinsatz geben und in einem Topf über kochendem Wasser 3 Minuten bissfest dämpfen. Eiskalt abschrecken, abtropfen lassen und trocken tupfen. ● Die **Tomaten** waschen, vierteln und entkernen. Die **Kichererbsen** abgießen, abbrausen und abtropfen lassen. Nach Belieben die **Petersilie** abbrausen, trocken schütteln und hacken. ● Die Kartoffeln abgießen, kurz ausdampfen lassen, pellen und in Scheiben schneiden. In eine Schüssel geben, sofort mit der Vinaigrette beträufeln und mischen. Brokkoli, Tomaten, Kichererbsen und Petersilie unterheben. Mit **Salz** und **Pfeffer** abschmecken. 30 Minuten durchziehen lassen, dabei gelegentlich vorsichtig wenden. ● Kurz vor dem Servieren die **Frühlingszwiebeln** putzen, abbrausen und in schmale Ringe schneiden. Die **Walnusskerne** grob hacken. Den Salat in zwei Schalen geben und mit Frühlingszwiebeln und Walnüssen bestreuen.

Pro Portion 476 kcal – 29 g F, 40 g KH, 12 g B, 13 g EW

SATT, GESUND, GLÜCKLICH

Hauptgerichte für mehr Fitness und Wohlbefinden

Gemüse ist der Held unserer Hauptgerichte. Ausgewogen, lecker und – denn das Auge isst mit – ein Glanzstück auf dem Teller. Ob mittags oder abends: Die folgenden Rezepte sind im Sinne des Meta-Ernährungscodes Sinneserlebnisse und Verjüngungskur.

Tofu-Pilz-Pfanne Asia-Style mit Pak Choi und Erdnüssen

FÜR 2 PORTIONEN
200 g Tofu Natur
2 Knoblauchzehen
3 EL glutenfreie Sojasauce (Tamari)
1–2 TL Sambal Oelek
150 g Shiitakepilze (geputzt 120 g)
100 g Enokipilze (geputzt 80 g)
125 g Brokkoliröschen
1–2 kleine Pak Choi (200 g)
25 g Erdnussmus
100 ml Gemüsebrühe
2 schmale Frühlingszwiebeln
20 g geröstete Erdnusskerne
30 g Kokosöl
Salz
schwarzer Pfeffer aus der Mühle

ZUBEREITUNGSZEIT 45 MINUTEN

Den **Tofu** kräftig zwischen Lagen von Küchenpapier ausdrücken, dann in Stücke brechen (so kann er die Marinade besser aufnehmen, als wenn man ihn würfeln würde) und nochmals fest ausdrücken. • Die **Knoblauchzehen** schälen, fein hacken, mit **Sojasauce** und **Sambal Oelek** verrühren, mit dem Tofu in eine Clipbox geben und zum Marinieren öfter durchschütteln. • Die **Pilze** trocken putzen. Von den Shiitakepilzen die Stiele herausdrehen und die Kappen in 5 mm breite Streifen schneiden. Von den Enokipilzen die unteren, festen Teile wegschneiden, dann die zusammengewachsenen Stiele auseinanderzupfen. • Den **Brokkoli** waschen, in mundgerechte Röschen teilen, in einen Dämpfkorb geben und in einem Topf über kochendem Wasser 4 Minuten bissfest dämpfen. Eiskalt abschrecken und abkühlen lassen. • Inzwischen den **Pak Choi** waschen, den Strunk entfernen, die festen hellen Stiele in Streifen schneiden, die grünen Blattspitzen nur grob zerzupfen. Das **Erdnussmus** mit der **Brühe** glatt rühren. Die **Frühlingszwiebeln** putzen, abbrausen und in Ringe schneiden. Die **Erdnusskerne** hacken. • In einer großen Pfanne 15 g **Kokosöl** erhitzen, die Pilze darin 5–6 Minuten unter häufigem Rühren scharf braten und herausnehmen. Das restliche **Kokosöl** erhitzen, die festen Pak-Choi-Streifen bei starker Hitze 2 Minuten rührbraten, dann an den Rand schieben. Den Tofu samt Marinade in die heiße Pfanne geben und 5 Minuten scharf braten, dann den Brokkoli hinzugeben und alles mischen. Die Erdnussbrühe angießen, aufkochen und gut erhitzen, dann **salzen, pfeffern** und die Pak-Choi-Blätter unterheben. • Das Gericht auf zwei Schalen verteilen, mit Frühlingszwiebeln und Erdnüssen bestreuen.

Pro Portion 473 kcal – 33 g F, 18 g KH, 9 g B, 27 g EW

TIPP Alternativ eine große Blechpizza backen. Dazu die gesamte Teigmasse auf ein mit Backpapier ausgelegtes Backblech geben, mit Backpapier abdecken und bis 2 cm zum Blechrand ausrollen.

Pizza mit gebratenen Pilzen und Mozzarella

Pizza bianca mit Blumenkohl-Chia-Boden und Kirschtomaten

Pizza bianca mit Blumenkohl-Chia-Boden und Kirschtomaten

FÜR 2 PORTIONEN

Für die Pizzaböden

30 g Chiasamen
½ großer Blumenkohl (500 g Röschen)
10 g Hefeflocken
Salz
schwarzer Pfeffer aus der Mühle

Für Sauce und Belag

25 g weißes Mandelmus
1 EL weißes Miso
125 g pflanzliche Crème fraîche
Salz
schwarzer Pfeffer aus der Mühle
1 Stück schmale Lauchstange (geputzt ca. 100 g)
200 g bunte Kirschtomaten
30 g Pekannusskerne
6–8 Zweige Thymian

ZUBEREITUNGSZEIT 30 MINUTEN + ABKÜHLEN + CA. 35 MINUTEN BACKEN

Für die Böden die **Chiasamen** in eine Schale geben, mit 100 ml heißem Wasser begießen, verrühren und bis zur Verwendung quellen lassen, dabei gelegentlich umrühren. • Den **Blumenkohl** waschen, grob in Stücke schneiden und im Blitzhacker portionsweise zu feinem „Grieß" zerkleinern. • In einer großen Pfanne etwa 100 ml Wasser aufkochen und den Blumenkohl darin unter Rühren 3 Minuten garen. In eine Schüssel füllen, lauwarm abkühlen lassen. • Den Backofen auf 200 °C Umluft vorheizen. • Den Blumenkohl auf ein Küchentuch geben, zu einem Beutel drehen und die Flüssigkeit sehr fest ausdrücken. Den Blumenkohl in eine Schüssel geben, Chiasamen, **Hefeflocken,** etwas **Salz** und **Pfeffer** hinzufügen und verkneten. Die Hälfte der Masse auf Backpapier geben, mit Backpapier abdecken, zu einem 20–22 cm großen Kreis ausrollen, das obere Papier abnehmen und auf ein Backblech ziehen. Auf die gleiche Weise einen zweiten Boden herstellen. Im vorgeheizten Ofen (Mitte) etwa 25 Minuten backen, bis die Kanten leicht gebräunt sind, dabei nach der halben Backzeit die Bleche drehen und die Position tauschen. • Inzwischen für die Sauce **Mandelmus** und **Miso** mit 1–2 EL Wasser glatt rühren, die **Crème fraîche** mit etwas **Salz** und **Pfeffer** hinzugeben und vermischen. • Für den Belag den **Lauch** putzen, gründlich waschen, trocken tupfen und in etwa 3 mm dünne Scheiben schneiden. Die **Kirschtomaten** waschen und quer halbieren. • Die Sauce auf den vorgebackenen Pizzaböden verstreichen, darauf Lauch, Tomaten und **Pekannüsse** verteilen und noch weitere 10 Minuten backen. • Den **Thymian** abbrausen und trocken schütteln. Die Pizzen aus dem Ofen nehmen, auf Teller geben und mit Thymian garnieren.

Pro Portion 534 kcal – 43 g F, 13 g KH, 19 g B, 20 g EW

Pizza mit gebratenen Pilzen und Mozzarella

Für 2 Portionen – Zubereitungszeit 30 Minuten + Abkühlen + 35–40 Minuten Backen

Den Boden wie oben beschrieben zubereiten. Inzwischen für den Tomatensugo **1 ½ EL Olivenöl** erhitzen, **30 g Tomatenmark** darin unter Rühren anrösten, mit **200 g Passata** (pürierte Tomaten) ablöschen. **1 TL getrockneten Thymian** hinzugeben, bei starker Hitze unter Rühren dicklich einkochen. Mit **Salz, schwarzem Pfeffer aus der Mühle** und **1 Prise Chiliflocken** würzen und vom Herd nehmen. • Für den Belag **400 g Champignons** trocken putzen, die Stiele herausdrehen, die Kappen in 1 cm dicke Scheiben schneiden. In einer Pfanne ohne Fett 3 Minuten scharf braten, dann **1 EL Olivenöl** hinzugeben, **salzen, pfeffern** und noch 1–2 Minuten braten. • Die vorgebackenen Böden mit dem Sugo bestreichen, darauf die Pilze verteilen. **30 g Walnusskerne** grob hacken, mit **100 g geriebenem veganem Mozzarella** darüberstreuen und noch 10–15 Minuten backen. **2 Stängel Basilikum** waschen, die Blätter abzupfen und auf den fertigen Pizzen verteilen.

Pro Portion 509 kcal – 36 g F, 19 g KH, 20 g B, 22 g EW

Ofengebackene Aubergine mit Würzhummus und Brokkoli-„Couscous“

FÜR 2 PORTIONEN

Für die Aubergine

1 große Aubergine (400 g)
1 EL Olivenöl
1 EL Zitronensaft
1 EL weißes Miso
1 TL flüssiger Honig (z. B. Akazienhonig)

Für den Hummus

1 Dose Kichererbsen (240 g Abtropfgewicht)
1 Knoblauchzehe
1 EL Zitronensaft
1 TL abgeriebene Biozitronenschale
½ TL gemahlener Kreuzkümmel (Cumin)
1 TL Delikatesspaprika
1 TL gemahlener Ceylonzimt
Salz
schwarzer Pfeffer aus der Mühle

Für den Brokkoli-„Couscous“

1 kleines Bund glatte Petersilie
200 g Brokkoli
2 schmale Frühlingszwiebeln
3 EL Zitronensaft
1 TL abgeriebene Biozitronenschale
1 EL Olivenöl
Salz
grüner Pfeffer aus der Mühle
20 g Sesamsaat
30 g Granatapfelkerne

ZUBEREITUNGSZEIT 35 MINUTEN

Den Backofen auf 180 °C Umluft vorheizen. • Die **Aubergine** waschen, längs halbieren und die Schnittflächen etwa 5 mm tief kreuzweise einritzen. **Öl** mit **Zitronensaft, Miso** und **Honig** verrühren und die Schnittflächen damit einstreichen. Auf ein Backblech setzen, in den vorgeheizten Ofen (Mitte) geben und 25–30 Minuten backen. • Inzwischen für den Hummus die **Kichererbsen** abgießen, die Flüssigkeit (Aquafaba) dabei auffangen. Die **Knoblauchzehe** schälen und hacken. Kichererbsen, Knoblauch, **Zitronensaft, Zitronenschale, Kreuzkümmel, Paprikapulver** und **Zimt** mit zunächst 2 EL Aquafaba im Blitzhacker (oder mit dem Stabmixer) fein pürieren, nach Bedarf etwas mehr Aquafaba hinzugeben. Mit **Salz** und **Pfeffer** abschmecken. • Für den Brokkoli-„Couscous“ die **Petersilie** waschen und gründlich trocken tupfen. Blätter und zarte Stiele im Blitzhacker nicht zu fein hacken und in eine Schüssel geben. Den **Brokkoli** waschen und trocken tupfen. Röschen und Stiel in Stücke schneiden, separat im Blitzhacker zu Couscous-Größe zerkleinern und zur Petersilie geben. Die **Frühlingszwiebeln** putzen, abbrausen und in Ringe schneiden. Mit **Zitronensaft, Zitronenschale** und **Öl** in die Schüssel geben, vermengen und mit **Salz** und **Pfeffer** abschmecken. • Den **Sesam** in einer Pfanne ohne Fett goldgelb rösten und mit den **Granatapfelkernen** über den Brokkoli-„Couscous“ streuen. • Gebackene Auberginen, Brokkoli-„Couscous“ und Hummus auf zwei Tellern anrichten und servieren.

Pro Portion 508 kcal – 30 g F, 34 g KH, 18 g B, 19 g EW

TIPP Besonders attraktiv: einen Speisering auf den Teller setzen, die Hälfte vom Brokkoli-„Couscous“ hineinfüllen, leicht andrücken, den Ring abziehen und garnieren. Auf die gleiche Weise die zweite Portion anrichten.

TIPP Zum Füllen der Wraps eignet sich auch Hummus (siehe Seiten 71 und 106) sehr gut, belegt mit Rucola, Microgreens oder Sprossen, Pesto und Gemüsejulienne.

Linsen-Wraps mit Avocado und gebratenen Austernpilzen

FÜR 2 PORTIONEN

Für die Pfannkuchen

100 g rote Linsen
¼–½ TL Salz
1 TL Ras el-Hanout
1 ½ EL Hefeflocken
4 TL Olivenöl

Für die Füllung

400 g Austernpilze (geputzt 300 g)
1 EL Olivenöl
Salz
schwarzer Pfeffer aus der Mühle
½ Bund glatte Petersilie
1 große Handvoll Microgreens (z. B. Senf- oder Brokkoli-Microgreens; alternativ Sprossen nach Wahl (ca. 15 g))
1 milde, große rote Chili (20 g)
1 große Avocado (150 g Fruchtfleisch)
1 TL Sambal Oelek

ZUBEREITUNGSZEIT 35–40 MINUTEN + 8 STUNDEN EINWEICHEN

Für die Pfannkuchen die **Linsen** in einem Sieb abbrausen, in eine Schüssel geben, mit reichlich Wasser bedecken und 8 Stunden oder über Nacht einweichen. • Abgießen, wieder abbrausen, dann mit 180 ml frischem Wasser, **Salz, Ras el-Hanout** und **Hefeflocken** im (Hochleistungs-)Standmixer auf höchster Stufe 30–45 Sekunden fein pürieren. • Zwei mittelgroße Pfannen erhitzen und mit je ½ TL **Öl** ausstreichen. Je ein Viertel der Linsenmasse hineingießen und schnell mit einem Silikonspatel bis an den Rand verteilen. Bei mittlerer Hitze 3–4 Minuten backen, bis sich Blasen an der Oberfläche bilden. Die Pfannkuchen auf Deckel gleiten lassen, die Pfannen wieder mit je ½ TL **Öl** ausstreichen und die Fladen von der anderen Seite noch 3 Minuten backen. Übereinander auf einen Teller geben und mit einem Küchentuch oder Küchenpapier abdecken, damit sie nicht hart und brüchig werden. Auf die gleiche Weise zwei weitere Pfannkuchen backen. • Inzwischen für die Füllung die **Austernpilze** trocken putzen, die zähen Stiele wegschneiden und die Kappen in Streifen reißen. Das **Öl** in einer der Pfannen erhitzen und die Pilze darin bei starker Hitze 5–6 Minuten braten, bis sie gut gebräunt sind, dabei gelegentlich wenden. **Salzen, pfeffern** und beiseitestellen. • Die **Petersilie** abbrausen, trocken schütteln und grob hacken. **Microgreens** abbrausen und trocken tupfen. Die **Chili** waschen, entkernen und in Ringe schneiden. • Die **Avocado** halbieren, entkernen, das Fruchtfleisch auslösen, zerdrücken und auf die Mitte der Pfannkuchen streichen. **Salzen, pfeffern** und dünn mit **Sambal Oelek** bestreichen. Die Pilze darauf verteilen, mit Petersilie, Microgreens und Chili bestreuen und zu Wraps aufrollen.

Pro Portion 498 kcal – 34 g F, 29 g KH, 24 g B, 20 g EW

Variante Wraps aus Kichererbsenmehl

Für die Pfannkuchen **75 g Kichererbsenmehl** mit **½ TL gemahlener Kurkuma** und **1 guten Prise Salz** in einer Schüssel mischen, dann nach und nach 150 ml lauwarmes Wasser einrühren. Je **1 TL Olivenöl** in zwei großen Pfannen verstreichen. Jeweils die Hälfte des Teigs hineingeben und schnell mit einem Silikonspatel bis zum Rand verstreichen. Bei mittlerer Hitze 1 ½ Minuten backen, dann wenden und weitere 1 ½ Minuten backen. Die Pfannkuchen etwas abkühlen lassen, dann wie oben beschrieben belegen und zu Wraps aufrollen.

Cremige Spargelsuppe mit gebratenen Spargelspitzen und Austernpilzen

FÜR 2 PORTIONEN

2 Schalotten
300 g grüner Spargel (geputzt 225 g)
½ Bund glatte Petersilie
175 g Austernpilze (geputzt 125 g)
5 g Microgreens (z. B. Brokkoli- oder Senf-Microgreens; alternativ Sprossen nach Wahl (z. B. Alfalfa))
4 EL Olivenöl
300 ml Gemüsebrühe plus evtl. etwas mehr
100 ml Soja Cuisine oder Reis Cuisine
Flockensalz
1 Prise Piment d'Espelette oder Chiliflocken
Salz
grüner Pfeffer aus der Mühle
1 TL abgeriebene Biozitronenschale
1 EL Zitronensaft

ZUBEREITUNGSZEIT 15 MINUTEN + 9–10 MINUTEN KÖCHELN

Die **Schalotten** schälen und fein würfeln. Vom **Spargel** die holzigen Enden wegschneiden, abbrausen, die Spargelköpfe abschneiden und beiseitestellen, die Stangen quer in 2 cm breite Scheiben schneiden. Die **Petersilie** abbrausen und trocken schütteln, Stiele und Blätter separat hacken. Die **Austernpilze** trocken putzen, die zähen Stiele entfernen und die Kappen in Streifen reißen. Die **Microgreens** abbrausen und trocken tupfen. • In einem Topf die Schalotten in 2 EL **Öl** glasig andünsten. Spargelstücke und Petersilienstiele zugeben und unter Rühren 2 Minuten mit andünsten. Die **Brühe** angießen, aufkochen und abgedeckt 9–10 Minuten köcheln lassen. Gegen Ende der Kochzeit die **Soja Cuisine** hinzugeben. • Inzwischen in einer Pfanne Austernpilze und Spargelspitzen im restlichen **Öl** bei starker Hitze 5 Minuten braten, mit **Flockensalz** und **Piment d'Espelette** bestreuen. • Petersilienblätter und die Hälfte der Microgreens in die Suppe geben, mit dem Stabmixer pürieren und mit **Salz, Pfeffer, Zitronenschale** und **Zitronensaft** abschmecken. Je nach gewünschter Konsistenz noch etwas mehr **Brühe** hinzufügen. • Die Suppe auf zwei Schalen verteilen. Spargelspitzen und Austernpilze darauf verteilen und mit restlichen Microgreens bestreuen.

Pro Portion 320 kcal – 29 g F, 8 g KH, 8 g B, 8 g EW

Zitroniges Rote-Bete-Sellerie-Püree mit Austernpilzen

FÜR 2 PORTIONEN

Für das Püree

½ Knollensellerie (geschält 450 g)
2 EL Olivenöl
300 g gegarte Rote Beten (ofengegart oder vakuumverpackt)
Salz
schwarzer Pfeffer aus der Mühle
1–2 TL Zitronensaft
1 TL abgeriebene Biozitronenschale

Für die Pilze

300 g Austernpilze (geputzt 250 g)
150 g rote Zwiebeln
½ Bund glatte Petersilie
2 EL Olivenöl
Salz
schwarzer Pfeffer aus der Mühle
1 TL guter Balsamico-Essig
1–2 Prisen Cayennepfeffer

ZUBEREITUNGSZEIT 35 MINUTEN

Für das Püree den **Sellerie** schälen, waschen, in 2 cm große Würfel schneiden und in einem Topf im **Öl** farblos andünsten, dann abgedeckt bei niedriger Hitze 15 Minuten sanft garen. ● Gegen Ende der Garzeit die **Roten Beten** würfeln und kurz mit dem Sellerie erwärmen. Mit dem Stabmixer nur grob pürieren, **salzen, pfeffern** und mit **Zitronensaft** und **Zitronenschale** abschmecken. Warm halten. ● Während der Selleriegarzeit für die Pilze die **Austernpilze** trocken putzen, die zähen Stiele wegschneiden und die Kappen in Streifen reißen. Die **Zwiebeln** schälen, längs halbieren und quer in dünne Streifen schneiden. Die **Petersilie** abbrausen, trocken schütteln, hacken und beiseitestellen. ● In zwei Pfannen je 1 EL **Öl** erhitzen. In einer Pfanne die Zwiebeln bei knapp mittlerer Hitze sanft dünsten, die Pilze in der zweiten Pfanne scharf braten, beides öfter wenden. Nach 5–7 Minuten Zwiebeln und Pilze mischen, **salzen, pfeffern,** dann mit **Essig** und **Cayennepfeffer** abschmecken und die Hälfte der Petersilie untermischen. ● Die Austernpilze mit dem Püree auf zwei Tellern anrichten und mit restlicher Petersilie bestreuen.

Pro Portion 327 kcal – 21 g F, 24 g KH, 21 g B, 10 g EW

Dazu passt Lammfilet: 2 kleine Lammfilets (à 50 g, küchenfertig pariert) rechtzeitig aus dem Kühlschrank nehmen. 1 TL Öl in einer Pfanne erhitzen, die Lammfilets trocken tupfen und bei starker Hitze rundum 1–1 ½ Minuten scharf braten. Herausnehmen, kurz ruhen lassen, dann jeweils schräg in drei Stücke schneiden, salzen und pfeffern. Den Bratsatz in der Pfanne mit 2 EL Wasser lösen und darüberträufeln.

Herzhafte Gemüsepfanne mit schwarzen Bohnen und Tahinisauce

FÜR 2 PORTIONEN

Für die Gemüsepfanne

100 g rote Zwiebeln
2 Knoblauchzehen
1 Stück Hokkaido-Kürbis (geputzt 200 g)
200 g schmale Zucchini
2 ½ EL Olivenöl
1 Dose schwarze Bohnen (240 g Abtropfgewicht)
150 g vorgegarte Rote Beten (vakuumverpackt)
½ Bund glatte Petersilie
1 TL getrockneter Thymian
2 TL Baharat oder je 1 TL Rauchpaprika und Delikatesspaprika
Salz
schwarzer Pfeffer aus der Mühle
100 ml Gemüsebrühe oder Wasser
1–2 Prisen Chiliflocken

Für die Sauce

30 g weißes Tahini (Sesammus)
1 TL Zitronensaft
1 TL abgeriebene Biozitronenschale
Salz
schwarzer Pfeffer aus der Mühle

ZUBEREITUNGSZEIT 40 MINUTEN

Für die Gemüsepfanne **Zwiebeln** und **Knoblauchzehen** schälen und hacken. Den **Kürbis** entkernen, die Fasern herauskratzen und harte Stellen von der Schale wegschneiden. Waschen, trocken tupfen, erst in 1 cm breite Spalten, dann in Stücke schneiden. Die **Zucchini** waschen, längs vierteln und in 1 cm große Stücke schneiden. ● In einer Pfanne die Zwiebeln in 1 ½ EL **Öl** glasig andünsten, den Knoblauch kurz mitdünsten. Den Kürbis hinzugeben und 7 Minuten unter gelegentlichem Rühren braten. ● Inzwischen die **Bohnen** abgießen, abbrausen und abtropfen lassen. Die **Roten Beten** etwa 1 cm groß würfeln. **Petersilie** abbrausen, trocken schütteln und hacken. ● Für die Sauce **Tahini** mit **Zitronensaft, Zitronenschale,** etwas **Salz, Pfeffer** und 1–2 EL Wasser zu einer dickflüssigen Sauce verrühren. ● Die Zucchini zum Kürbis geben und weitere 3 Minuten braten, dabei mit **Thymian, Baharat, Salz** und **Pfeffer** würzen. Die Bohnen unterheben und 1–2 Minuten darin erhitzen. Die Gemüsemischung an den Rand schieben, das restliche **Öl** erhitzen und die Roten Beten darin 2 Minuten anbraten, dann **salzen** und **pfeffern,** alles mischen und noch mal abschmecken. ● Das Gemüse auf zwei Schalen verteilen. Den Bratsatz in der Pfanne mit der **Brühe** lösen, etwas einkochen lassen und über das Gemüse gießen. Die Tahinisauce darüberträufeln und mit Petersilie und **Chiliflocken** bestreuen.

Pro Portion 457 kcal – 23 g F, 40 g KH, 19 g B, 20 g EW

Dazu passt Lamm: 2 kleine Lammkoteletts (à 70–80 g) leicht salzen und in einer Pfanne in wenig Olivenöl von beiden Seiten scharf anbraten.

Baharat

Baharat, das wörtlich „Gewürze" heißt, ist eine Gewürzmischung der arabischen und nahöstlichen Küche, die meistens aus Pfeffer, Kreuzkümmel, Paprikapulver, Gewürznelke und Zimt, aber auch Koriander, Muskat und Kardamom besteht.

Pikanter Erdnusstofu auf Blumenkohl-„Polenta“

FÜR 2 PORTIONEN

Für das Topping

- 3–4 schmale Frühlingszwiebeln
- 20 g geröstete und gesalzene Erdnusskerne
- ½ TL Schwarzkümmel

Für den Tofu

- 200 g Tofu Natur
- 30 g cremiges feines Erdnussmus
- ½–1 TL Sambal Oelek
- 1 TL flüssiger Honig (z. B. Akazienhonig)
- 2 EL Tamari
- 1 EL Limettensaft
- 1 TL abgeriebene Biolimettenschale
- 1 EL Apfelessig oder Reisessig
- 2 Knoblauchzehen
- 20 g Kokosöl
- Salz

Für Tomaten und Blumenkohl-„Polenta“

- 150 g Kirschtomaten
- 350 g Blumenkohlröschen
- 20 g Kokosöl
- Salz
- 1 TL gemahlene Kurkuma

ZUBEREITUNGSZEIT 35–40 MINUTEN

Für das Topping die **Frühlingszwiebeln** putzen, waschen und in Ringe schneiden. Die **Erdnüsse** grob hacken. Beiseitestellen. • Den **Tofu** in mundgerechte Stücke zerzupfen und sehr gründlich mit Küchenpapier auspressen. **Erdnussmus** mit **Sambal Oelek, Honig, Tamari, Limettensaft, Limettenschale** und **Essig** verrühren. Die **Knoblauchzehen** schälen, fein hacken und unter die Sauce mischen. • Die **Tomaten** waschen und trocken tupfen. Den **Blumenkohl** waschen, trocken tupfen, grob in Stücke schneiden und im Blitzhacker zu reiskorngroßen Krümeln zerkleinern. • Nun wird parallel gegart: Das **Kokosöl** für den Tofu in einem Wok erhitzen. Den Tofu darin 4–5 Minuten bei starker Hitze unter regelmäßigem Rühren goldbraun und knusprig braten, dabei zwischendurch **salzen.** Die Erdnusssauce hinzugeben und bei mittlerer Hitze so lange rührbraten, bis sie vollständig am Tofu haftet. • Parallel dazu das **Kokosöl** für das Gemüse in einer großen Pfanne erhitzen und die **Tomaten** darin 2–3 Minuten braten. An den Rand schieben. Blumenkohl in die Mitte geben und 3–4 Minuten sanft rührbraten. **Salzen,** mit **Kurkuma** bestreuen und gut vermengen. • Blumenkohl-„Polenta“ auf zwei Schalen verteilen, darauf Tofu und Tomaten anrichten. Mit Frühlingszwiebeln, Erdnüssen und **Schwarzkümmel** bestreuen.

Pro Portion 525 kcal – 38 g F, 17 g KH, 10 g B, 27 g EW

Sambal Oelek

Sambal Oelek ist eine würzig-scharfe indonesische Chilipaste, die traditionell nur aus roten Chilis, die im Mörser zerstoßen werden, Salz und Essig besteht.

Erfrischende Wassermelonen-Gazpacho

FÜR 2 PORTIONEN

- 1 großes Stück Wassermelone (400 g Fruchtfleisch)
- 4–6 Stängel Basilikum
- 2 Knoblauchzehen
- 2 schmale Frühlingszwiebeln
- 400 g Passata (pürierte Tomaten) oder stückige Tomaten aus der Dose
- 2 EL Apfelessig
- 3 EL Olivenöl
- Salz
- schwarzer Pfeffer aus der Mühle
- 1–2 Prisen Cayennepfeffer

ZUBEREITUNGSZEIT 15 MINUTEN

Die **Melone** schälen, grob zerteilen und entkernen. Das **Basilikum** abbrausen und trocken schütteln, Blätter und Stiele grob hacken. Die **Knoblauchzehen** schälen und grob hacken. Die **Frühlingszwiebeln** putzen, waschen, die weißen Teile grob hacken, die grünen in schmale Ringe schneiden und beiseitelegen. ● Melone, Basilikum, Knoblauch, Zwiebelweiß, **Passata, Essig** und **Öl** im Standmixer fein pürieren. (Alternativ den Stabmixer verwenden.) Mit **Salz, Pfeffer** und **Cayennepfeffer** pikant abschmecken. ● Die Gazpacho auf zwei Schalen verteilen und mit den grünen Frühlingszwiebelringen garnieren.

Pro Portion 263 kcal – 16 g F, 25 g KH, 3 g B, 4 g EW

Dazu passt Feta: 100 g Feta (48 %) zerkrümeln und mit den Frühlingszwiebeln auf die Portionen streuen.

Deftige Grünkohlpfanne mit weißen Bohnen

FÜR 2 PORTIONEN

125 g Zwiebeln
2 Knoblauchzehen
3 EL Olivenöl
500 g TK-Grünkohl (portionierbar)
1 Dose weiße Bohnen (240 g Abtropfgewicht)
1–2 Stängel glatte Petersilie
1 EL Hefeflocken
½ TL gemahlene Kurkuma
½ TL gemahlener Kreuzkümmel (Cumin)
½ TL Chiliflocken
Salz
schwarzer Pfeffer aus der Mühle

ZUBEREITUNGSZEIT 10 MINUTEN + CA. 11 MINUTEN GAREN

Zwiebeln und **Knoblauchzehen** schälen und hacken. In einer Pfanne die Zwiebeln im **Öl** glasig dünsten, den Knoblauch kurz mitdünsten. Den **Grünkohl** hinzugeben, unter Rühren andünsten und abgedeckt etwa 6 Minuten garen. ● Die **Bohnen** mit der Flüssigkeit einrühren und weitere 5 Minuten offen köcheln lassen, dabei öfter umrühren. ● Inzwischen die **Petersilie** abbrausen, trocken schütteln und die Blätter grob hacken. ● Den Eintopf mit **Hefeflocken, Kurkuma, Kreuzkümmel, Chiliflocken, Salz** und **Pfeffer** abschmecken. Die Grünkohlpfanne in zwei Schalen füllen, mit der Petersilie bestreuen und servieren.

Pro Portion 381 kcal – 18 g F, 30 g KH, 20 g B, 20 g EW

TIPP Bei diesem Rezept ist portionierbarer TK-Grünkohl empfehlenswert, denn TK-Grünkohl im Block braucht deutlich länger zum Auftauen. Anstelle von Grünkohl kann man auch TK-Blattspinat verwenden.

Dazu passt Parmesan: 60 g Parmesan mit dem Sparschäler in Spänen abziehen oder grob reiben und über das Gericht streuen.

Ofen-Blumenkohl an Hummus mit Kichererbsen-Crunch

FÜR 2 PORTIONEN

Für Blumenkohl und Hummus

½ großer Blumenkohl (600 g Röschen)
3 EL Olivenöl
Salz
1 ½ EL Currypulver
½ TL getrockneter Thymian
1 Dose Kichererbsen (240 g Abtropfgewicht)
1 Knoblauchzehe
25 g weißes Tahini (Sesammus)
1 TL gemahlener Kreuzkümmel (Cumin)
1 ½ TL Rauchpaprika
1–1 ½ EL Limettensaft
1–2 Prisen Cayennepfeffer
1 TL Schwarzkümmel
1–2 Prisen Chiliflocken

Für das Dressing

25 g weißes Tahini (Sesammus)
1 ½ EL weißes Miso
1 EL Limettensaft
Salz
schwarzer Pfeffer aus der Mühle

ZUBEREITUNGSZEIT 20 MINUTEN + 45–50 MINUTEN BACKEN

Den Backofen auf 175 °C Ober-/Unterhitze vorheizen. • Den **Blumenkohl** in gleichmäßig große, mundgerechte Röschen teilen, waschen und sehr gut trocken tupfen. In einer Schüssel das **Öl** mit ½ TL **Salz, Currypulver** und **Thymian** vermischen, den Blumenkohl hinzugeben und gründlich vermengen, bis er rundum benetzt ist. Auf einem mit Backpapier ausgelegten Backblech gleichmäßig verteilen. • Die **Kichererbsen** abgießen, die Flüssigkeit (Aquafaba) dabei auffangen, dann abbrausen und abtropfen lassen. Ein Viertel der Kichererbsen zwischen dem Blumenkohl verteilen, in den vorgeheizten Ofen (Mitte) geben und 45–50 Minuten backen, dabei zwischendurch umrühren und nach 20 Minuten das Blech einmal drehen. • Kurz vor Ende der Backzeit für den Hummus die restlichen Kichererbsen in den Blitzhacker geben. Die **Knoblauchzehe** schälen, grob hacken und mit 2 EL Aquafaba, **Tahini, Kreuzkümmel, Rauchpaprika,** 1 EL **Limettensaft** und etwas **Salz** zu den Kichererbsen geben. Alles fein pürieren, nach gewünschter Konsistenz etwas mehr Aquafaba einrühren. (Alternativ den Stabmixer verwenden.) Den Hummus mit **Cayennepfeffer** abschmecken, eventuell etwas mehr **Limettensaft** hinzugeben. • Für das Dressing **Tahini** mit **Miso, Limettensaft** und 1–2 EL Wasser dickflüssig verrühren. Mit **Salz** und **Pfeffer** würzen. • Den gebackenen Blumenkohl mit den Kichererbsen auf zwei Tellern anrichten, das Dressing in Klecksen darübergeben und mit **Schwarzkümmel** und **Chiliflocken** bestreuen. Dazu den Hummus reichen.

Pro Portion 381 kcal – 18 g F, 30 g KH, 20 g B, 20 g EW

Zitronig-scharfe Kürbissuppe

FÜR 2 PORTIONEN

1 Zwiebel (geschält 70 g)
2 Knoblauchzehen
2 EL Olivenöl
½ kleiner Hokkaido-Kürbis (geputzt 400 g)
250 ml Gemüsebrühe plus evtl. etwas mehr
2–3 TL weißes Miso
1–2 TL Sambal Oelek
1–2 EL Zitronensaft
100 ml Hafer Cuisine
Salz
schwarzer Pfeffer aus der Mühle
2 TL abgeriebene Biozitronenschale
2 TL getrocknete essbare Bioblüten oder Chiliflocken

ZUBEREITUNGSZEIT 30 MINUTEN + 15 MINUTEN KÖCHELN

Zwiebel und **Knoblauchzehen** schälen und hacken. In einem Topf die Zwiebeln im **Öl** glasig dünsten. ● Inzwischen den **Kürbis** entkernen, die Fasern herauskratzen, harte Stellen von der Schale wegschneiden, waschen und in 2–3 cm große Stücke schneiden. ● Den Knoblauch zu den Zwiebeln geben und kurz mitdünsten. Den Kürbis hinzufügen und unter Rühren 1–2 Minuten anbraten. Mit der **Brühe** ablöschen, aufkochen und abgedeckt 15 Minuten köcheln lassen. ● **Miso, Sambal Oelek** und zunächst 1 EL **Zitronensaft** zum Kürbis geben und unter Zugabe von etwa 70 ml **Hafer Cuisine** mit dem Stabmixer fein pürieren, nach Bedarf etwas mehr **Brühe** hinzugeben. Mit **Salz, Pfeffer,** 1 TL **Zitronenschale** und nach Geschmack mehr **Zitronensaft** frisch-pikant abschmecken. ● Die Suppe in zwei Schalen füllen, restliche **Hafer Cuisine** darüberträufeln und mit **Blüten** und restlicher **Zitronenschale** bestreuen.

Pro Portion 307 kcal – 16 g F, 34 g KH, 6 g B, 6 g EW

Dazu passen Schinkenwürfel: 100 g fein gewürfelten Katenschinken über die Suppen streuen.

TIPP Wer es gern scharf mag, der träufelt noch ein wenig Sambal Oelek über seine Portion. Dazu passt auch das knusprige Saaten-Knäckebrot (siehe Seite 76) sehr gut.

Veggie-Buletten in Goji-Tomatensauce

FÜR 2 PORTIONEN

Für die Buletten

20 g Chiasamen
1 kleine rote Zwiebel (geschält 50 g)
½ Bund glatte Petersilie
250 g feste braune Champignons (geputzt 200 g)
25 g Walnusskerne
3 EL Olivenöl
Salz
½ Dose Kidneybohnen (120 g Abtropfgewicht)
25 g zarte Haferflocken
1 ½ EL rotes Miso
2 TL gemahlene Flohsamenschalen
schwarzer Pfeffer aus der Mühle

Für die Sauce

20 g getrocknete Gojibeeren
1 kleine rote Zwiebel (geschält 50 g)
2 Knoblauchzehen
1 EL Olivenöl
25 g Tomatenmark
1 TL Harissa
1 Dose stückige Tomaten (400 g)
1 TL getrockneter Thymian
Salz
schwarzer Pfeffer aus der Mühle
6 Zweige Thymian

ZUBEREITUNGSZEIT 45 MINUTEN

Für die Buletten die **Chiasamen** in eine Schale geben, mit 60 ml heißem Wasser übergießen, mischen und bis zur Verwendung quellen lassen. • Die **Zwiebel** schälen und hacken. **Petersilie** abbrausen, trocken schütteln, Stiele und Blätter separat hacken. Die **Pilze** trocken putzen, die Stiele herausdrehen, die Kappen 5 mm klein würfeln. Die **Walnüsse** grob hacken. • In einer Pfanne die Zwiebeln in 1 ½ EL **Öl** andünsten, die Petersilienstiele kurz mitdünsten. Dann die Pilze hinzugeben und unter Rühren auf hoher Stufe 2 Minuten anbraten. **Salzen** und weitere 2 Minuten braten. In eine Schüssel füllen. • Inzwischen die **Bohnen** abbrausen und abtropfen lassen. Mit **Haferflocken** und **Miso** im Blitzhacker nicht ganz fein pürieren. Zur Pilzmischung geben, eingeweichte Chiasamen, Petersilienblätter, Walnüsse und **Flohsamenschalen** hinzufügen und verkneten. **Salzen, pfeffern** und aus der Masse sechs gleich große Buletten formen. • Für die Sauce die **Gojibeeren** in eine Schale geben, mit lauwarmem Wasser bedecken und etwa 15 Minuten einweichen. • Inzwischen **Zwiebel** und **Knoblauchzehen** schälen und hacken. In einem Topf die Zwiebeln im **Öl** glasig andünsten, den Knoblauch kurz mitdünsten. **Tomatenmark** und **Harissa** hinzufügen und unter Rühren anrösten. Mit den **Dosentomaten** ablöschen, den **Thymian** einstreuen. Die Gojibeeren abgießen, hinzugeben und 10 Minuten köcheln lassen. Dann mit dem Stabmixer nur leicht pürieren, die Sauce soll stückig bleiben. Mit **Salz** und **Pfeffer** abschmecken. • Parallel dazu das restliche **Öl** in der Pilzpfanne erhitzen und die Buletten darin scharf anbraten. Nach 2 Minuten auf mittlere Hitze reduzieren und unter gelegentlichem Wenden 8–10 Minuten knusprig-braun braten. • Den **Thymian** abbrausen und trocken schütteln, von zwei Zweigen die Blätter abzupfen. Die Buletten mit der Sauce auf zwei Tellern anrichten, Thymianblätter über die Sauce streuen und mit Thymianzweigen garnieren.

Pro Portion 549 kcal – 33 g F, 37 g KH, 19 g B, 19 g EW

Orangen-Spargel mit Haselnuss-Estragon-Topping

FÜR 2 PORTIONEN

Für Kartoffeln und Spargel

200 g kleine festkochende Kartoffeln (Drillinge)
Salz
1 kg weißer Spargel (geschält ca. 700 g)

Für das Dressing

200 ml Orangensaft
1 TL flüssiger Honig (z. B. Akazienhonig)
Salz
schwarzer Pfeffer aus der Mühle
1 Prise Piment d'Espelette
2 EL geröstetes Haselnussöl

Für das Topping

40 g blanchierte, geröstete Haselnusskerne
5–6 Zweige Estragon (alternativ Thymian oder Rosmarin)
2 EL abgeriebene Bioorangenschale (von 1 großen Orange)
Flockensalz

ZUBEREITUNGSZEIT 25 MINUTEN

Die **Kartoffeln** gründlich waschen und ungeschält in **Salzwasser** etwa 18 Minuten gar kochen. • Inzwischen für das Dressing den **Orangensaft** in einem kleinen Topf auf etwa ein Drittel einkochen, in eine Schüssel geben und lauwarm abkühlen lassen. • Parallel dazu den **Spargel** schälen, die holzigen Enden wegschneiden und Spargel waschen. Die Stangen in einen großen Dämpfeinsatz geben und über kochendem Wasser je nach Dicke 6–8 Minuten bissfest garen. • In der Zwischenzeit den **Honig** in den reduzierten Orangensaft rühren, mit **Salz, Pfeffer** und **Piment d'Espelette** würzen und zum Schluss das **Haselnussöl** kräftig unterrühren. • Für das Topping die **Haselnüsse** grob hacken und in eine Schale geben. Den **Estragon** abbrausen, trocken schütteln, hacken, mit **Orangenschale** und etwas **Flockensalz** zu den Nüssen geben und mischen. • Die Kartoffeln abgießen und ausdampfen lassen. Den Spargel mit den Kartoffeln auf zwei Tellern anrichten, mit dem Dressing beträufeln und mit dem Topping bestreuen.

Pro Portion 391 kcal – 23 g F, 35 g KH, 9 g B, 12 g EW

Dazu passt Lachs: 100 g geräucherten Biowildlachs in Scheiben mit auf den Tellern anrichten.

Edamame-Nudeln in würzig-tomatigem Auberginengemüse

FÜR 2 PORTIONEN

1 große Aubergine (400 g)
Salz
150 g Zwiebeln
2–3 Knoblauchzehen
1 Zweig Rosmarin
2 EL Olivenöl
20 g Tomatenmark
1–2 TL Harissa
1 TL gemahlener Ceylon-zimt
1 TL gemahlener Kreuz-kümmel (Cumin)
200 ml Gemüsebrühe plus evtl. etwas mehr
1 Dose stückige Tomaten (400 g)
1 TL getrockneter Thymian
100 g grüne Edamame-Bandnudeln (alternativ Kichererbsen- oder Linsenpasta)
35 g Walnusskerne
1 kleines Bund glatte Petersilie
schwarzer Pfeffer aus der Mühle
1 EL guter Balsamico-Essig

ZUBEREITUNGSZEIT 30 MINUTEN + 15–20 MINUTEN KÖCHELN

Die **Aubergine** waschen und etwa 1 cm groß würfeln. In ein Sieb geben, kräftig **salzen** und bis zur Verwendung stehen lassen. • Inzwischen **Zwiebeln** und **Knoblauchzehen** schälen und hacken. Den **Rosmarin** abbrausen, trocken schütteln und die Nadeln fein hacken. • In einer tiefen Pfanne die Zwiebeln im **Öl** glasig dünsten, den Knoblauch kurz mitdünsten. Die Auberginenwürfel auf ein Küchentuch geben, zu einem Beutel drehen und kräftig ausdrücken. In die Pfanne geben und unter häufigem Rühren bei starker Hitze 8 Minuten braten. • **Tomatenmark, Harissa, Zimt** und **Kreuzkümmel** hinzufügen und unter Rühren anrösten, bis alles duftet. Mit **Brühe** und **Dosentomaten** ablöschen, **Thymian** und gehackten Rosmarin unterrühren, aufkochen und abgedeckt 15–20 Minuten köcheln lassen. • Inzwischen die **Nudeln** nach Packungsangaben garen. Einige **Walnusshälften** beiseitelegen, den Rest grob hacken. Die **Petersilie** abbrausen, trocken schütteln und hacken. • Zum Schluss das Gemüse ohne Deckel köcheln lassen, sodass die Flüssigkeit nahezu eingekocht ist. Mit **Salz, Pfeffer** und **Balsamico-Essig** abschmecken und die gehackten Walnüsse untermischen. • Die Nudeln abgießen und mit dem Gemüse auf zwei Tellern anrichten. Mit der Petersilie bestreuen und mit den Walnusshälften garnieren.

Pro Portion 521 kcal – 24 g F, 32 g KH, 21 g B, 32 g EW

Muhammara
Eine würzig-scharfe Spezialität der arabischen und nahöstlichen Küche. Dieser pastenartige Walnuss-Paprika-Dip wird gern zu Vorspeisen serviert und passt sehr gut zu Gemüse, aber auch als Aufstrich zu Brot.

Ofengebackene Rote Beten mit orientalisch-pikantem Muhammara-Dip

FÜR 2 PORTIONEN

Für die Roten Beten

2 Rote Beten (à 150 g)
Salz
schwarzer Pfeffer aus der Mühle

Für das Muhammara

500 g rote Paprika (geputzt, gehäutet 300 g)
2 Knoblauchzehen
3 Stängel glatte Petersilie
75 g Walnusskerne
1 ½ EL Olivenöl
3 EL Granatapfelmelasse (ohne Zuckerzusatz)
Salz
schwarzer Pfeffer aus der Mühle
½ TL gemahlener Kreuzkümmel (Cumin)
1 TL Delikatesspaprika
½ TL Chiliflocken
50 g Granatapfelkerne

ZUBEREITUNGSZEIT 25 MINUTEN + 60–80 MINUTEN BACKEN

Den Backofen auf 200 °C Ober-/Unterhitze vorheizen. • Die **Roten Beten** waschen, einzeln in Alufolie einwickeln, im vorgeheizten Ofen auf das Ofengitter (Mitte) setzen und 60–80 Minuten backen. • Inzwischen für das Muhammara die **Paprika** waschen, entkernen, in drei bis vier Stücke teilen, mit der Haut nach oben auf ein mit Backpapier ausgelegtes Backblech legen und zu den Roten Beten in den heißen Ofen (oben) schieben. Die Grillfunktion dazuschalten und die Paprikastücke 20 Minuten grillen, bis sich schwarze Blasen bilden. • Das Blech mit der Paprika herausnehmen, mit einem feuchten Tuch abdecken und 10 Minuten ruhen lassen. Die Grillfunktion wieder ausschalten, sodass die Beten weiter bei Ober-/Unterhitze backen. • Inzwischen die **Knoblauchzehen** schälen und grob hacken. Die **Petersilie** abbrausen, trocken schütteln und die Blätter hacken. • Die abgekühlten Paprikastücke häuten. Dann mit Knoblauch, 50 g **Walnüssen, Öl** und **Granatapfelmelasse** im Blitzhacker (oder mit dem Stabmixer) fein pürieren. Den Dip mit **Salz, Pfeffer, Kreuzkümmel, Paprikapulver** und **Chiliflocken** pikant abschmecken. Die restlichen **Walnüsse** hacken. • Die Roten Beten aus dem Ofen nehmen. Die Folien entfernen, Rote Beten nach Belieben pellen, auf zwei Teller geben, kreuzweise einschneiden, etwas auseinanderdrücken, **salzen, pfeffern** und etwas Muhammara hineingeben. Mit gehackten Walnüssen, Petersilie und **Granatapfelkernen** bestreuen und dazu das restliche Muhammara reichen.

Pro Portion 470 kcal – 32 g F, 36 g KH, 12 g B, 10 g EW

Dazu passt Lamm: 100 g Lammlachs (küchenfertig pariert) rechtzeitig aus dem Kühlschrank nehmen. Mit 1 TL Olivenöl einstreichen, mit 1 TL fein gehacktem Rosmarin und ½ fein gehackten Knoblauchzehe bestreuen und marinieren, bis die Roten Beten gebacken sind. Vor dem Braten Rosmarin und Knoblauch entfernen, salzen und von jeder Seite 1–1 ½ Minuten scharf braten. Im 100 °C warmen Backofen 5 Minuten nachgaren. Dann in Scheiben aufschneiden und mit den Roten Beten anrichten.

TIPP Wenn die Zeit knapp ist, fertig gegarte, vakuumverpackte Rote Beten nach Belieben erhitzen und für den Dip geröstete Paprika aus dem Glas (gut trocken tupfen!) nehmen.

Exotische Tomaten-Kokos-Cremesuppe

FÜR 2 PORTIONEN

2 Schalotten
2 Knoblauchzehen
20 g Ingwer (geschält 15 g)
2 Stängel Zitronengras
15 g Kokosöl
20 g Tomatenmark
1 EL weißes Miso
200 ml Gemüsebrühe plus evtl. etwas mehr
400 g Passata (pürierte Tomaten)
1 rote Chili (geputzt 10 g)
2 Stängel Koriandergrün
200 ml Kokosmilch (70–90 % Kokosanteil)
Salz
schwarzer Pfeffer aus der Mühle
1–2 TL Limettensaft
1 TL abgeriebene Biolimettenschale
10 g Kokoschips

ZUBEREITUNGSZEIT 25 MINUTEN + 10 MINUTEN KÖCHELN

Schalotten, Knoblauchzehen und **Ingwer** schälen und fein hacken. Vom **Zitronengras** die äußeren Blätter entfernen. Mit einer kleinen Pfanne oder Ähnlichem flach klopfen, sodass die Stängel zerfasern, aber nicht auseinanderfallen. ● In einem Topf die Schalotten im **Kokosöl** glasig andünsten, Knoblauch und Ingwer kurz mitdünsten. **Tomatenmark** und **Miso** unter Rühren darin anrösten, bis es duftet, dann mit der **Brühe** ablöschen. Zitronengras und **Passata** dazugeben, aufkochen und 10 Minuten köcheln lassen. ● Inzwischen die **Chili** abbrausen und in schmale Ringe schneiden, dabei entkernen. Das **Koriandergrün** abbrausen, trocken schütteln und die Blätter abzupfen. ● Das Zitronengras entfernen, 150 ml **Kokosmilch** in die Suppenmischung geben und mit dem Stabmixer pürieren. Mit **Salz, Pfeffer, Limettensaft** und **Limettenschale** abschmecken. ● Die Suppe in zwei Schalen füllen, die restliche **Kokosmilch** spiralförmig einrühren und mit Chiliringen, Koriander und **Kokoschips** garnieren.

Pro Portion 412 kcal – 35 g F, 17 g KH, 5 g B, 6 g EW

Dazu passen Garnelen: 100 g küchenfertige rohe Garnelen abbrausen und trocken tupfen. In 10 g Kokosöl bei starker Hitze von jeder Seite etwa 2 Minuten braten, bis sie sich rosa färben. Innen sollen sie noch glasig sein. Mit Salz und Pfeffer würzen. Auf zwei Holzspieße stecken und quer über die Suppenschalen legen.

Saftige Veggie-Bolognese auf Karotten-„Spaghetti"

FÜR 2 PORTIONEN

Für die Bolognese

100 g Shiitakepilze (geputzt 85 g)
1 rote Zwiebel (geschält 70 g)
2 Knoblauchzehen
1 mittelgroße Karotte (geputzt 70 g)
2 Stangen Staudensellerie (geputzt insgesamt 70 g)
1 Dose grüne Linsen (240 g Abtropfgewicht)
½ Bund glatte Petersilie
2 EL Olivenöl
20 g Tomatenmark
150 ml Gemüsebrühe
1 Dose stückige Tomaten (400 g)
1 TL getrockneter Thymian
Salz
schwarzer Pfeffer aus der Mühle
30 g veganer Reibekäse

Für die Spaghetti

400 g dicke Karotten (für 300 g Spiralen)
1 ½ EL Rapsöl
Salz
schwarzer Pfeffer aus der Mühle
1–2 Prisen Chiliflocken

Außerdem

Spiralschneider

ZUBEREITUNGSZEIT 45 MINUTEN

Für die Veggie-Bolognese die **Pilze** trocken säubern, die zähen Stiele herausdrehen und die Kappen etwa 5 mm groß würfeln. **Zwiebel** und **Knoblauchzehen** schälen und hacken. Die **Karotte** schälen und 3–4 mm klein würfeln. Den **Sellerie** waschen, die Fäden abziehen und ähnlich klein würfeln. Die **Linsen** abgießen, abbrausen und abtropfen lassen. Die **Petersilie** abbrausen, trocken schütteln und hacken. • Die Pilze in einer Pfanne ohne Fett 3–4 Minuten braten und herausnehmen. Das **Olivenöl** in der Pfanne erhitzen, die Zwiebeln darin glasig andünsten, den Knoblauch kurz mitdünsten. Karotten und Sellerie hinzugeben und 2–3 Minuten braten. Die Pilze wieder in die Pfanne geben, das **Tomatenmark** hinzufügen und unter Rühren darin anrösten. Mit der **Brühe** ablöschen, Linsen, **Dosentomaten** und **Thymian** dazugeben, aufkochen und unter gelegentlichem Umrühren offen 5–10 Minuten köcheln lassen. • Inzwischen für die „Spaghetti" die **Karotten** schälen und mit dem Spiralschneider zu möglichst feinen „Spaghetti" verarbeiten. Dann in etwa 10 cm lange Stücke schneiden und trocken tupfen. Das **Rapsöl** in einer tiefen Pfanne oder im Wok erhitzen, die Karottenspiralen darin bei starker Hitze 3–4 Minuten bissfest rührbraten, dann mit **Salz, Pfeffer** und **Chiliflocken** würzen. • Die Karotten-„Spaghetti" in zwei tiefe Teller geben. Die Veggie-Bolognese mit **Salz** und **Pfeffer** abschmecken, die gehackte Petersilie einrühren und über die Karotten-„Spaghetti" geben. Mit dem veganen **Reibekäse** bestreuen und servieren.

Pro Portion 457 kcal – 23 g F, 40 g KH, 19 g B, 20 g EW

Gefüllte Portobellopilze mit Linsengemüse

FÜR 2 PORTIONEN

Für die Pilze

70 g grüne Puylinsen
1 Lorbeerblatt
Salz
2 Schalotten
2 große Portobellopilze (à 150 g; oder 4 kleinere)
100 g Tomaten
½ Bund glatte Petersilie
2 ½ EL Olivenöl
1–2 TL Ras el-Hanout
15 g Tomatenmark
1 TL Harissa
10 g Hefeflocken
schwarzer Pfeffer aus der Mühle
30 g gut schmelzender veganer Reibekäse
20 g Pekannusskerne

Für den Dip

30 g weißes Tahini (Sesammus)
1 EL Zitronensaft
1 TL abgeriebene Biozitronenschale
Salz
schwarzer Pfeffer aus der Mühle

ZUBEREITUNGSZEIT 35 MINUTEN + CA. 25 MINUTEN BACKEN

Für die Pilze die **Linsen** in einem Sieb abbrausen und in einen Topf geben. Mit Wasser bedecken, das **Lorbeerblatt** hinzufügen, aufkochen und etwa 25 Minuten köcheln lassen. Erst kurz vor Ende der Kochzeit **salzen,** dann abgießen und das Lorbeerblatt entfernen. • Inzwischen die **Schalotten** schälen und hacken. Die **Pilze** trocken putzen, die Stiele herausdrehen, die Lamellen herauskratzen, Stiele und Lamellen hacken. **Tomaten** waschen, halbieren, entkernen und das Fruchtfleisch klein würfeln. **Petersilie** abbrausen, trocken schütteln und hacken. • Den Backofen auf 180 °C Umluft vorheizen. • In einer Pfanne die Schalotten in 1 EL **Öl** glasig andünsten, gehackte Pilzstiele und Lamellen hinzugeben, unter Rühren 3 Minuten braten und mit **Ras el-Hanout** würzen. **Tomatenmark** und **Harissa** hinzufügen und unter Rühren darin anrösten. Gegarte Linsen, **Hefeflocken** und jeweils die Hälfte von Tomaten und Petersilie untermischen, dann mit **Salz** und **Pfeffer** abschmecken. • Eine kleine Auflaufform mit ½ EL **Öl** ausstreichen. Die Pilze von außen mit dem restlichen **Öl** bestreichen, mit der Kappenrundung nach unten in die Form legen, dann die Füllung hineingeben und mit einem Löffel zu einer festen Halbkugel formen. Im vorgeheizten Ofen etwa 25 Minuten backen, dabei 10 Minuten vor Ende der Backzeit mit dem **Reibekäse** bestreuen. • Inzwischen für den Dip **Tahini** mit **Zitronensaft, Zitronenschale** und etwa 2 EL Wasser zu einem dickflüssigen Dip verrühren, **salzen** und **pfeffern.** • Die **Pekannüsse** grob hacken. Die gefüllten Pilze auf zwei Teller geben und daneben den Dip verstreichen. Mit restlichen Tomatenwürfeln, restlicher Petersilie und Pekannüssen bestreuen.

Pro Portion 513 kcal – 37 g F, 23 g KH, 14 g B, 22 g EW

Portobellopilze

Portobellopilze, auch Portobellapilze genannt, sind sehr große, ausgewachsene braune Champignons mit kräftigem Geschmack, die sich sehr gut zum Füllen und Überbacken sowie zum Grillen eignen.

Fruchtig-würziger Ofen-Fenchel mit Mozzarella

FÜR 2 PORTIONEN

2 mittelgroße Fenchelknollen (geputzt insgesamt 400 g)
2 EL Olivenöl
Salz
100 ml Orangensaft
1 große reife, aber nicht zu weiche Birne (geschält und entkernt 175 g)
60 g schwarze Oliven mit Stein (entsteint 50 g)
100 g veganer Mozzarella (möglichst in Rollenform)
schwarzer Pfeffer aus der Mühle
1 TL flüssiger Honig (z. B. Akazienhonig oder Waldhonig)
30 g Pinienkerne

ZUBEREITUNGSZEIT 25 MINUTEN + 30 MINUTEN BACKEN

Den Backofen auf 180 °C Umluft vorheizen. • Den **Fenchel** waschen, das Fenchelgrün zum Garnieren beiseitelegen, die Stiele entfernen, den Strunk herausschneiden, dann die Knollen in 5 mm breite Streifen hobeln. In eine Auflaufform geben, mit dem **Öl** beträufeln, mit etwas **Salz** bestreuen und mischen. Den **Orangensaft** angießen und im vorgeheizten Ofen 15 Minuten vorbacken, dabei gelegentlich umrühren. • Inzwischen die **Birne** nach Belieben schälen, vierteln, entkernen und quer in kleine Stücke schneiden. Die **Oliven** anritzen und die Steine auslösen und die Oliven wieder zusammendrücken. Den **Mozzarella** in 1 cm dicke Scheiben schneiden. • Nach der Backzeit die Auflaufform aus dem Ofen nehmen, Birnen und Oliven auf dem Fenchel verteilen, darauf die Mozzarellascheiben legen. **Pfeffern,** den **Honig** über den Mozzarella träufeln, wieder in den Ofen schieben und weitere 15 Minuten backen. • Inzwischen die **Pinienkerne** in einer Pfanne ohne Fett goldbraun rösten und auf einem Teller abkühlen lassen. • Die Auflaufform aus dem Ofen nehmen, das Gericht mit Pinienkernen bestreuen, mit dem Fenchelgrün garnieren und in der Form servieren.

Pro Portion 485 kcal – 37 g F, 29 g KH, 8 g B, 9 g EW

Herzhafte Rote-Bete-Suppe mit Kidneybohnen und Cornichons

FÜR 2 PORTIONEN

100 g rote Zwiebeln
2 EL Olivenöl
350 g gegarte Rote Beten (ofengebacken oder vakuumverpackt)
300 ml Gemüsebrühe
1 Dose Kidneybohnen (240 g Abtropfgewicht)
75 g Cornichons plus 3–4 EL Gurkenflüssigkeit aus dem Glas
Salz
schwarzer Pfeffer aus der Mühle
1–2 Prisen Cayennepfeffer
1 EL Weißwein-Balsamico-Essig
5 g Senfsprossen (alternativ einige Dillblüten oder 2 Stängel Dill)
60 g pflanzliche Crème fraîche

ZUBEREITUNGSZEIT 20 MINUTEN

Die **Zwiebeln** schälen und hacken, dann in einem Topf im **Öl** glasig andünsten. Inzwischen die **Roten Beten** trocken tupfen, 200 g davon etwa 5 mm groß würfeln, zu den Zwiebeln geben und bei mittlerer Hitze andünsten. Die restlichen Roten Beten mit der **Brühe** in einen Mixbecher geben, mit dem Stabmixer pürieren, zur Zwiebelmischung geben und aufkochen. ● Die **Kidneybohnen** abgießen, abbrausen, kurz abtropfen lassen, zur Suppe geben und erhitzen. Die **Cornichons** in dünne Scheiben schneiden, einige zum Garnieren beiseitelegen, den Rest mit der **Gurkenflüssigkeit** zur Suppe geben. Mit **Salz, Pfeffer, Cayennepfeffer** und **Balsamico-Essig** pikant abschmecken. ● Die **Sprossen** abbrausen und trocken tupfen (alternativ die Dillspitzen abzupfen und hacken). Die Suppe auf zwei Schalen verteilen. Die **Crème fraîche** glatt rühren und über die Portionen geben, dann mit Sprossen beziehungsweise Dillblüten oder Dillspitzen und Cornichonscheiben garnieren.

Pro Portion 411 kcal – 21 g F, 43 g KH, 12 g B, 14 g EW

Dazu passt Räucherforelle: 100 g Räucherforelle von möglichen Gräten befreien, in mundgerechte Stücke zerpflücken und auf die Suppen geben. Mit 10 g Meerrettich aus dem Glas toppen.

Gute Proteine

Bei einigen Rezepten empfehle ich Eier (schonend erhitzt), um zum Beispiel Salate oder Gemüsegerichte zu ergänzen. Eier sind eine wertvolle Proteinquelle, denn ein Ei enthält etwa 8 g Eiweiß. Das meiste steckt dabei übrigens im Eigelb. Die Proteine aus Eiern kann der Körper besonders gut verwerten, sie werden zu fast 100 % in Körpereiweiß verwandelt. Außerdem liefern Eier Mineralien (Calcium, Selen, Eisen) und Vitamine (B_{12}, D, K). Je nach Eigelbgröße liefert ein Ei zwischen 80 und 100 kcal. Pro Woche sind bis zu sieben Eier empfehlenswert.

Topinambur-„Bratkartoffeln" mit Spinat-Pilz-Pfanne

FÜR 2 PORTIONEN

Für Topping und Gremolata
25 g Pinienkerne
1 Knoblauchzehe
½ Bund glatte Petersilie
2 TL abgeriebene Biozitronenschale
Flockensalz

Für den Spinat
1 rote Zwiebel (geschält 70 g)
2 Knoblauchzehen
1 ½ EL Olivenöl
450 g TK-Blattspinat (portionierbar), leicht angetaut
Salz
schwarzer Pfeffer aus der Mühle
10 g Hefeflocken

Für die „Bratkartoffeln"
300 g Topinamburen (geschält 250 g)
1 ½ EL Olivenöl
Salz
schwarzer Pfeffer aus der Mühle
1 TL Delikatesspaprika oder Rauchpaprika

Für die Pilze
400 g braune Champignons (geputzt 320 g)
Salz
1 EL Olivenöl
schwarzer Pfeffer aus der Mühle

ZUBEREITUNGSZEIT 45 MINUTEN

Für das Topping die **Pinienkerne** in einer Pfanne ohne Fett goldgelb rösten und auf einem Teller abkühlen lassen. • Für die Gremolata die **Knoblauchzehe** schälen und fein hacken. Die **Petersilie** abbrausen, trocken schütteln, hacken und mit Knoblauch, **Zitronenschale** und etwas **Flockensalz** mischen. Beiseitestellen. • Alle Zutaten für die drei Hauptkomponenten vorbereiten: Für den Spinat **Zwiebel** und **Knoblauchzehen** schälen und hacken. • Für die „Bratkartoffeln" die **Topinamburen** schälen und in 3 mm dünne Scheiben schneiden. • Für die Pilze die **Champignons** trocken putzen, die Stiele knapp wegschneiden (falls sie noch fest sind) oder herausdrehen und die Pilze in etwa 1 cm dicke Scheiben schneiden. • Nun werden **Spinat,** Topinamburen und Pilze parallel gegart: In einem Topf die Zwiebeln im **Öl** glasig andünsten, den Knoblauch kurz mitdünsten. Den leicht angetauten **Spinat** hineingeben, 70 ml Wasser angießen, aufkochen und abgedeckt etwa 7 Minuten köcheln lassen. Mit **Salz, Pfeffer** und **Hefeflocken** würzen. • Parallel dazu für die „Bratkartoffeln" das **Öl** in einer Pfanne erhitzen. Die Topinamburscheiben nebeneinander hineinlegen, 2 Minuten bei starker Stufe anbraten, auf mittlere Hitze reduzieren, weitere 2 Minuten braten, dann wenden und noch 3–4 Minuten braten, bis sie außen goldbraun und innen weich sind. Mit **Salz, Pfeffer** und **Paprikapulver** würzen. • Inzwischen die Pilze in einer zweiten Pfanne ohne Fett 2 Minuten braten, dann **salzen,** das **Öl** hinzugeben, weitere 2 Minuten unter Rühren braten und **pfeffern.** • Spinat, „Bratkartoffeln" und Pilze auf zwei Tellern anrichten und mit Gremolata und Pinienkernen bestreuen.

Pro Portion 485 kcal – 37 g F, 29 g KH, 8 g B, 9 g EW

Dazu passen Eier: 2 Eier (Größe M) pochieren oder weich kochen und dazu servieren.

Gebratener Rosenkohl mit aromatischer Walnuss-Orangen-Gremolata

FÜR 2 PORTIONEN

Für den Rosenkohl

450 g TK-Rosenkohl
Salz
2 EL Olivenöl

Für die Gremolata

50 g Walnusskerne
1 Bund glatte Petersilie
2 Knoblauchzehen
1 große rote Chili (geputzt 20 g)
1 ½ EL abgeriebene Bioorangenschale (von 1 großen Orange)
Flockensalz
schwarzer Pfeffer aus der Mühle

ZUBEREITUNGSZEIT 25 MINUTEN

Den **Rosenkohl** nach Packungsangaben in **Salzwasser** garen – allerdings nach dem Aufkochen nur 2–3 Minuten kochen, abhängig von der Größe. Danach eiskalt abschrecken, abtropfen lassen und trocken tupfen. ● In der Zwischenzeit für die Gremolata die **Walnusskerne** in einer Pfanne ohne Fett rösten, bis sie anfangen zu bräunen. Abkühlen lassen und hacken. ● Die **Petersilie** abbrausen, trocken schütteln und hacken. Die **Knoblauchzehen** schälen und fein hacken. Die **Chili** längs halbieren, entkernen, abbrausen und fein hacken. Walnüsse, Petersilie, Knoblauch und Chili mit **Orangenschale** und einer guten Prise **Flockensalz** mischen und mit **Pfeffer** würzen. ● Das **Öl** erhitzen, den Rosenkohl darin etwa 3 Minuten unter Rühren braten, bis er heiß und leicht gebräunt ist. Auf zwei Teller geben und mit der Gremolata bestreuen.

Pro Portion 352 kcal – 26 g F, 13 g KH, 12 g B, 15 g EW

Dazu passt geräuchertes Fleisch: 80 g hauchdünn geschnittenes Bündnerfleisch mit auf den Tellern anrichten.

Karotten-Chia-Waffeln mit Erdnuss-Chili-Dip

FÜR 2 PORTIONEN

Für den Teig

10 g Chiasamen
10 g Leinsamen, frisch geschrotet
1 Karotte (geschält 125 g)
80 g Kichererbsenmehl
1 TL Backpulver
½ TL Salz
1 ½ EL Olivenöl

Für den Dip

40 g Erdnussmus
100 g pflanzlicher Kokosjoghurt
2 EL Limettensaft
2 TL abgeriebene Biolimettenschale
Salz
½ TL Chiliflocken

Außerdem

Waffeleisen für belgische Waffeln (Doppelwaffeleisen)

ZUBEREITUNGSZEIT 25 MINUTEN + 60 MINUTEN RUHEN + ABKÜHLEN

Für den Teig **Chiasamen** und **Leinsamen** in eine Schale geben, mit 250 ml heißem Wasser (etwa 60 °C) begießen, verrühren und bis zur Verwendung stehen lassen. ● Inzwischen die **Karotte** schälen, grob in Stücke schneiden und im Blitzhacker zu „Grieß" zerkleinern. ● Das **Kichererbsenmehl** mit **Backpulver** und **Salz** in einer Schüssel verrühren. Die gequollenen Samen und 1 EL **Öl** klümpchenfrei einrühren, dann die Karotten untermischen und den Teig 60 Minuten ruhen lassen. ● Das Waffeleisen auf höchster Stufe vorheizen. Die beiden Backplatten mit dem restlichen **Öl** ausstreichen, jeweils die Hälfte des Teigs einfüllen und 6–8 Minuten backen. Zwischendurch prüfen, ob die Waffeln nicht zu dunkel werden, nach Bedarf die Hitze etwas reduzieren. ● Inzwischen für den Dip das **Erdnussmus** mit zunächst 2 EL **Kokosjoghurt** glatt rühren, dann nach und nach den restlichen **Joghurt, Limettensaft** und **Limettenschale** einrühren. Mit etwas **Salz** und **Chiliflocken** würzen. ● Die Waffeln auf einem Küchengitter auskühlen lassen und mit dem Dip servieren.

Pro Portion 434 kcal – 27 g F, 26 g KH, 14 g B, 18 g EW

TIPP Alternativ kann man ein gewöhnliches Waffeleisen nehmen, dann sollte die Backzeit aber angepasst werden, die je nach Waffeleisen unterschiedlich ausfallen kann.

Kräftige Grünkohlsuppe mit Kürbiskern-Gremolata

FÜR 2 PORTIONEN

Für die Suppe

2 Schalotten
2 Knoblauchzehen
2 EL Olivenöl
250 g TK-Grünkohl (portionierbar)
500 ml Gemüsebrühe plus evtl. etwas mehr
1 mehligkochende Kartoffel (geschält 75 g)
125 ml Soja Cuisine oder Reis Cuisine
1–2 TL Zitronensaft
Salz
schwarzer Pfeffer aus der Mühle
1–2 Prisen Cayennepfeffer

Für die Gremolata

½ Bund glatte Petersilie
1 rote Chili (geputzt 10 g)
25 g Kürbiskerne
2 TL abgeriebene Biozitronenschale
Flockensalz

ZUBEREITUNGSZEIT 35 MINUTEN

Schalotten und **Knoblauchzehen** schälen und hacken. In einem Topf die Schalotten im **Öl** glasig andünsten, den Knoblauch kurz mitdünsten. Den **Grünkohl** hinzugeben und unter Rühren andünsten. Die **Brühe** angießen und aufkochen. ● Inzwischen die **Kartoffel** schälen, klein würfeln, in die kochende Brühe geben und die Suppenmischung abgedeckt 15 Minuten köcheln lassen. ● Währenddessen für die Gremolata die **Petersilie** abbrausen, trocken schütteln und die Blätter hacken. Die **Chili** längs halbieren, entkernen, abbrausen und fein würfeln. Die **Kürbiskerne** hacken. Alles mit **Zitronenschale** und einer guten Prise **Flockensalz** mischen und beiseitestellen. ● Die Suppenmischung mit dem Stabmixer unter Zugabe von 100 ml **Soja Cuisine** fein pürieren und mit **Zitronensaft, Salz, Pfeffer** und **Cayennepfeffer** abschmecken. ● Die Suppe auf zwei Schalen verteilen, die restliche **Soja Cuisine** als Klecks daraufgeben und spiralig verrühren. Zum Schluss mit der Gremolata bestreuen.

Pro Portion 368 kcal – 27 g F, 14 g KH, 10 g B, 15 g EW

Moussaka mit cremiger Blumenkohl-„Bechamel“

FÜR 2 PORTIONEN

Für das Gemüse

2 kleine Auberginen oder 1 große (insgesamt 400 g)
Salz
4 EL Olivenöl
2 große Tomaten (insgesamt 250 g)
schwarzer Pfeffer aus der Mühle
30 g geriebener veganer Parmesan
20 g Pinienkerne
4–6 Zweige Thymian

Für die „Bechamel“

500 g Blumenkohl
40 g weißes Tahini (Sesammus)
10 g Hefeflocken
Salz
schwarzer Pfeffer aus der Mühle
1–2 Prisen Cayennepfeffer
1 EL Zitronensaft
2 TL abgeriebene Biozitronenschale

ZUBEREITUNGSZEIT 40 MINUTEN + 20 MINUTEN DÄMPFEN + 15–20 MINUTEN BACKEN

Für das Gemüse die **Auberginen** waschen und quer in 1 cm breite Scheiben schneiden. Auf einem großen Brett auslegen und mit **Salz** bestreuen. Nach 10 Minuten kräftig mit Küchenpapier ausdrücken, wenden, **salzen,** 10 Minuten stehen lassen und wieder ausdrücken. ● Inzwischen für die „Bechamel“ den **Blumenkohl** waschen, in Stücke teilen, in einen Dämpfeinsatz geben und in einem Topf über kochendem Wasser 20 Minuten sehr weich dämpfen. Etwas abkühlen lassen und im Standmixer oder mit dem Stabmixer fein pürieren. **Tahini** und **Hefeflocken** dazugeben und nochmals mixen. Mit **Salz, Pfeffer, Cayennepfeffer, Zitronensaft** und **Zitronenschale** abschmecken und beiseitestellen. ● Den Backofen auf 180 °C Ober-/Unterhitze vorheizen. ● Eine große Pfanne erhitzen. Die Hälfte der Auberginenscheiben von einer Seite mit 1 EL **Öl** einstreichen, mit der geölten Seite nach unten in die Pfanne geben und 3 Minuten bei gut mittlerer Hitze braten. Die Oberseiten mit 1 EL **Öl** einstreichen, wenden und weitere 2–3 Minuten braten. Herausnehmen und auf die gleiche Weise die restlichen Auberginenscheiben braten. ● In der Zwischenzeit die **Tomaten** waschen, quer in knapp 1 cm dicke Scheiben schneiden, etwas trocken tupfen, **salzen** und **pfeffern.** ● Eine kleine Auflaufform mit der Hälfte der Auberginen auslegen, darauf dann die Tomaten schichten und mit einem Drittel der „Bechamel“ bestreichen. Die restlichen Auberginen einschichten, mit den übrigen zwei Dritteln „Bechamel“ bedecken und mit **Parmesan** bestreuen. Im vorgeheizten Ofen (Mitte) 15–20 Minuten backen. ● Inzwischen die **Pinienkerne** in einer kleinen Pfanne ohne Fett goldgelb rösten und auf einem Teller abkühlen lassen. Den **Thymian** abbrausen, trocken schütteln und die Blätter abzupfen. ● Die Moussaka aus dem Ofen nehmen, mit Pinienkernen und Thymian bestreuen und sofort servieren.

Pro Portion 531 kcal – 41 g F, 23 g KH, 16 g B, 15 g EW

Spicy Asia-Gemüsepfanne mit Schwarze-Bohnen-Spaghetti

FÜR 2 PORTIONEN

150 g Brokkoli
200 g kleine weiße Champignons (geputzt 150 g)
1 rote Paprika (geputzt 150 g)
1 kleine feste Zucchini (150 g)
1 kleiner Pak Choi (100 g)
1 Stück Lauch (geputzt 150 g)
100 g TK-Erbsen
100 ml Gemüsebrühe
3 EL glutenfreie Sojasauce (Tamari; 30 ml)
1 EL Limettensaft
1 TL Sambal Oelek (nach Belieben mehr)
10 g Sesamsaat
½ kleines Bund Koriandergrün
30 g Kokosöl
Salz
schwarzer Pfeffer aus der Mühle
100 g Schwarze-Bohnen-Spaghetti

ZUBEREITUNGSZEIT 45 MINUTEN

Den **Brokkoli** in mundgerechte Röschen teilen, waschen, in einen Dämpfeinsatz geben und in einem Topf über kochendem Wasser 3–4 Minuten bissfest dämpfen. Herausnehmen und eiskalt abschrecken. ● Inzwischen die **Champignons** trocken putzen, die Stiele herausdrehen, die Kappen je nach Größe halbieren, vierteln oder ganz lassen. Die **Paprika** vierteln, entkernen, waschen und in 1 × 2 cm große Stücke schneiden. **Zucchini** waschen, längs vierteln und quer in 1,5 cm dicke Stücke schneiden. Den **Pak Choi** waschen, den Strunk entfernen, die festen Stiele in 1,5 cm breite Streifen schneiden, die Blätter grob zerzupfen. Den **Lauch** putzen, längs halbieren, gut waschen, trocken tupfen und in 1 cm breite Streifen schneiden. Die **Erbsen** zum Auftauen mit lauwarmem Wasser übergießen. ● Die **Brühe** mit **Sojasauce, Limettensaft** und **Sambal Oelek** verrühren und beiseitestellen. Den **Sesam** in einer Pfanne ohne Fett goldgelb rösten und auf einem Teller abkühlen lassen. Das **Koriandergrün** abbrausen, trocken schütteln und die Blätter abzupfen. ● Einen Wok vorheizen, die Pilze bei starker Hitze 3–4 Minuten ohne Fett unter häufigem Rühren braten und herausnehmen. 20 g **Kokosöl** im Wok heiß werden lassen, die Paprikastücke 3 Minuten bei gut mittlerer Hitze rührbraten. Zucchini und feste Pak-Choi-Stiele hinzugeben und weitere 3 Minuten braten. An den Rand schieben, restliches **Kokosöl** im Wok erhitzen, Lauch und Brokkoli darin 2 Minuten rührbraten. Die Erbsen abgießen und mit den Pilzen dazugeben. Die Brühemischung angießen und aufkochen. Die Pak-Choi-Blätter unterheben und das Gemüse noch 2 Minuten erhitzen. **Salzen, pfeffern** und nach Geschmack mit mehr **Sambal Oelek** schärfen. ● Inzwischen die **Schwarze-Bohnen-Spaghetti** in **Salzwasser** etwa 6 Minuten (oder nach Packungsangaben) gar kochen. In ein Sieb abgießen und mit dem Gemüse auf zwei Tellern anrichten. Mit Sesam bestreuen und mit Koriander garnieren.

Pro Portion 457 kcal – 20 g F, 25 g KH, 24 g B, 37 g EW

Dazu passt Hähnchenbrust: 100 g gebratenes oder pochiertes Hähnchenbrustfilet in dünne Scheiben schneiden und mit auf den Tellern anrichten.

Linsenpasta-Auflauf mit Pilzen und würziger Tomatensauce

FÜR 2 PORTIONEN

Für Nudeln und Pilze

100 g Rote-Linsen-Pasta (z. B. Penne)
Salz
400 g Champignons (geputzt 320 g)
125 g Shiitakepilze (geputzt 100 g)
1 ½ EL Olivenöl
schwarzer Pfeffer aus der Mühle
1 TL getrocknetes Bohnenkraut
50 g gut schmelzender veganer Käse in Scheiben

Für die Tomatensauce

1 Zwiebel (geschält 70 g)
2 Knoblauchzehen
1 ½ EL Olivenöl
20 g Tomatenmark
1 Dose stückige Tomaten (400 g)
1 ½ EL Hefeflocken
1 TL getrockneter Thymian
1 TL getrockneter Oregano
Salz
schwarzer Pfeffer aus der Mühle

ZUBEREITUNGSZEIT 25 MINUTEN + 20–25 MINUTEN BACKEN

Für die Nudeln die **Pasta** in **Salzwasser** 6–8 Minuten (oder nach Packungsangaben) al dente garen. In ein Sieb abgießen und abkühlen lassen. ● Inzwischen für die Tomatensauce **Zwiebel** und **Knoblauchzehen** schälen und hacken. In einem Topf die Zwiebeln im **Öl** glasig dünsten, den Knoblauch kurz mitdünsten. Das **Tomatenmark** hinzugeben und 2 Minuten unter Rühren anrösten. Mit den **Dosentomaten** ablöschen, **Hefeflocken** und **Kräuter** einrühren, aufkochen und 10 Minuten offen köcheln lassen, dabei ab und zu umrühren. Mit **Salz** und **Pfeffer** abschmecken. ● Währenddessen den Backofen auf 180 °C Ober-/Unterhitze vorheizen. ● Die **Pilze** trocken putzen, die Stiele herausdrehen und entsorgen. Die Kappen der Champignons in 1 cm breite Scheiben schneiden, die der Shiitake in 5 mm breite Streifen. Eine große Pfanne vorheizen, zunächst die Champignons 3 Minuten ohne Fett braten, dann an den Rand schieben, 1 EL **Öl** in der Mitte erhitzen und die Shiitakepilze darin 3–4 Minuten braten. Mit den Champignons mischen, **salzen, pfeffern** und mit **Bohnenkraut** würzen. ● Eine Auflaufform mit dem restlichen **Öl** ausstreichen. Zuerst die Nudeln einfüllen, darauf die Pilze und darüber die Tomatensauce geben. In den vorgeheizten Ofen (Mitte) schieben und 10 Minuten vorbacken, dann den **Käse** darauflegen und weitere 5–10 Minuten backen, bis er geschmolzen ist.

Pro Portion 483 kcal – 26 g F, 47 g KH, 12 g B, 25 g EW

Cremige Blumenkohl-Curry-Kokossuppe

FÜR 2 PORTIONEN

100 g Zwiebeln
2 Knoblauchzehen
15 g Ingwer (geschält 10 g)
½ Blumenkohl (350 g Röschen)
25 g Kokosöl
2 TL Currypulver
400 ml Gemüsebrühe
10 g Kokosraspel
3–4 Stängel Koriandergrün
1 TL abgeriebene Biolimettenschale
1 Prise Chiliflocken
2 Prisen Flockensalz
100 ml Kokosmilch (70–90 % Kokosanteil)
Salz
schwarzer Pfeffer aus der Mühle
1–2 Prisen Cayennepfeffer
2–3 TL Limettensaft

ZUBEREITUNGSZEIT 35–40 MINUTEN

Zwiebeln, Knoblauchzehen und **Ingwer** schälen und hacken. Den **Blumenkohl** waschen, trocken tupfen und die Röschen abtrennen. Von einem größeren Röschen etwa 30 g kleine „Krümel“ abreiben und für das Topping beiseitestellen, den Rest etwa 2 cm groß hacken. ● In einem Topf die Zwiebeln in 20 g **Kokosöl** glasig andünsten, dann Knoblauch und Ingwer kurz mitdünsten. Den Blumenkohl hinzufügen und farblos anbraten. Mit dem **Currypulver** bestreuen und gründlich wenden. Die **Brühe** angießen, aufkochen und abgedeckt 15 Minuten köcheln lassen. ● Inzwischen in einer kleinen Pfanne die Blumenkohl-„Krümel“ im restlichen **Kokosöl** 1–2 Minuten braten. Die **Kokosraspel** hinzugeben und weitere 1–2 Minuten braten, dann in eine Schale geben und abkühlen lassen. Das **Koriandergrün** abbrausen, trocken schütteln, hacken und mit **Limettenschale, Chiliflocken** und **Flockensalz** unter die Blumenkohl-Kokos-Mischung heben. ● Sobald der Blumenkohl weich ist, die Suppenmischung mit dem Stabmixer unter Zugabe der **Kokosmilch** pürieren. Mit **Salz, Pfeffer, Cayennepfeffer** und **Limettensaft** abschmecken. Die Suppe in zwei Schalen füllen und das Topping darauf verteilen.

Pro Portion 309 kcal – 27 g F, 10 g KH, 7 g B, 7 g EW

Dazu passt Hähnchenfleisch: 100 g hauchdünn aufgeschnittenes Hähnchenbrustfleisch zerpflücken oder in Streifen schneiden und auf die Suppen häufen.

Sahnige Pilz-Nudel-Pfanne

FÜR 2 PORTIONEN

250 g braune Champignons (geputzt 200 g)
250 g weiße Champignons (geputzt 200 g)
125 g Shiitakepilze (geputzt 100 g)
150 g kleine längliche Schalotten (geschält insgesamt 125 g)
100 g Pasta aus Kichererbsenmehl
Salz
2 EL Olivenöl
1 TL getrocknetes Bohnenkraut (alternativ getrockneter Thymian)
200 ml Hafer Cuisine
½ TL Agar-Agar
10 g Hefeflocken
1 TL Dijonsenf
Kräutersalz
schwarzer Pfeffer aus der Mühle
1–2 Prisen Cayennepfeffer
4–5 Stängel glatte Petersilie oder Estragon

ZUBEREITUNGSZEIT 25 MINUTEN

Alle **Pilze** trocken putzen, die Stiele herausdrehen und die Kappen in Scheiben beziehungsweise Streifen schneiden. Kleine Champignons nur halbieren oder ganz lassen. Die **Schalotten** schälen und längs halbieren oder vierteln. • Die **Pasta** in **Salzwasser** 7–9 Minuten (oder nach Packungsangaben) gar kochen und in ein Sieb abgießen. • Inzwischen in einer Pfanne die Schalotten im **Öl** bei mittlerer Hitze glasig andünsten und herausnehmen. • Die Champignons ohne weiteres Fett in derselben Pfanne bei starker Hitze unter gelegentlichem Rühren 3–4 Minuten braten. Die Shiitakepilze hinzugeben und weitere 3 Minuten braten, dabei öfter umrühren. Mit dem **Bohnenkraut** bestreuen, die **Hafer Cuisine** angießen und aufkochen. Das **Agar-Agar** einrühren und 1–2 Minuten unter Rühren köcheln lassen. Mit **Hefeflocken, Senf, Kräutersalz, Pfeffer** und **Cayennepfeffer** pikant würzen. Die abgetropften Nudeln untermischen und darin erwärmen. • Die **Petersilie** abbrausen, trocken schütteln und hacken. Das Pfannengericht auf zwei Schalen verteilen und mit der Petersilie bestreuen.

Pro Portion 471 kcal – 22 g F, 43 g KH, 13 g B, 25 g EW

Spicy Kürbis-Kichererbsen-Pfanne mit Spinat und getrockneten Tomaten

FÜR 2 PORTIONEN

30 g getrocknete Tomaten (ohne Öl)
100 g rote Zwiebeln
2 Knoblauchzehen
1 Stück Hokkaido-Kürbis (geputzt 300 g)
2 rote Spitzpaprika (geputzt insgesamt 150 g)
1 Dose Kichererbsen (240 g Abtropfgewicht)
2 EL Olivenöl
100 g Blattspinat
Salz
schwarzer Pfeffer aus der Mühle
2–3 TL Ras el-Hanout
20 g Walnusskerne
50 ml Hafer Cuisine
1–2 Prisen Chiliflocken

ZUBEREITUNGSZEIT 45 MINUTEN

Die **Tomaten** in einer Schale mit kochend heißem Wasser übergießen und bis zur Verwendung stehen lassen. • Die **Zwiebeln** schälen und eher grob hacken, die **Knoblauchzehen** schälen und fein hacken. Den **Kürbis** entkernen, die Fasern herauskratzen, harte Stellen von der Schale wegschneiden, abbrausen, trocken tupfen und etwa 1,5 cm groß würfeln. Die **Paprika** längs halbieren, entkernen, waschen und etwa 1 cm groß würfeln. Die **Kichererbsen** abgießen, dabei die Flüssigkeit (Aquafaba) auffangen, dann abbrausen und abtropfen lassen. • In einer Pfanne die Zwiebeln im **Öl** glasig dünsten, den Knoblauch kurz mitdünsten. Den Kürbis dazugeben und unter gelegentlichem Rühren 5 Minuten braten. Die Paprika hinzufügen, weitere 5 Minuten braten, dann die Kichererbsen einrühren. • Inzwischen den **Blattspinat** verlesen, die Stiele abknipsen, gründlich waschen und abtropfen lassen. Die eingeweichten Tomaten ausdrücken und hacken. • Das Gemüse **salzen, pfeffern** und mit **Ras el-Hanout** bestreuen. Alles gut mischen, die Tomaten hinzufügen und die Hälfte vom Aquafaba angießen. Den Deckel aufsetzen und bei mittlerer Hitze 5–8 Minuten schmoren, bis der Kürbis bissfest gar ist. Falls nötig, auch das restliche Aquafaba unterrühren. Den Spinat auf dem Gemüse verteilen und abgedeckt 2–3 Minuten zusammenfallen lassen. • Inzwischen die **Walnüsse** grob hacken. • Den Spinat untermischen, das Gemüse noch mal abschmecken und auf zwei Schalen verteilen. Die **Hafer Cuisine** in Klecksen darauf verteilen und mit Walnüssen und **Chiliflocken** bestreuen.

Pro Portion 477 kcal – 22 g F, 48 g KH, 15 g B, 16 g EW

Ras el-Hanout

Die Gewürzmischung Ras el-Hanout wird traditionell in der nordafrikanischen Küche verwendet. Sie besteht aus einer Vielzahl von Gewürzen, deren Zusammensetzung variiert. Meistens beinhaltet die Mischung Kreuzkümmel, Kurkuma, Koriander, Kardamom, Zimt, Ingwer, Muskatnuss, schwarzen Pfeffer und Cayennepfeffer.

Weiße Champignon-Cremesuppe

FÜR 2 PORTIONEN

10 g getrocknete Steinpilze
300 g feste weiße Champignons (geputzt ca. 225 g)
2 kleine Schalotten
1 Knoblauchzehe
1–2 schmale Frühlingszwiebeln
2 ½ EL Rapsöl
250 ml Gemüsefond aus dem Glas plus evtl. etwas mehr
100 ml ungesüßter Haferdrink
200 ml Hafer Cuisine
Salz
schwarzer Pfeffer aus der Mühle
1–2 Prisen Cayennepfeffer
1 TL abgeriebene Biozitronenschale
einige Spritzer Zitronensaft

ZUBEREITUNGSZEIT 35 MINUTEN

Die **Steinpilze** in eine Schale geben, mit 150 ml warmem Wasser bedecken und 15 Minuten einweichen. Dann abseihen und ausdrücken, die Flüssigkeit durch einen Papierfilter gießen, um möglichen Sand zu entfernen. ● Inzwischen die **Champignons** trocken putzen, die Stiele herausdrehen oder – bei sehr frischen Pilzen – knapp wegschneiden. Ein Drittel der Pilze in Scheiben schneiden und beiseitelegen, den Rest vierteln. **Schalotten** und **Knoblauchzehe** schälen und hacken. Die **Frühlingszwiebeln** putzen und abbrausen, grüne und weiße Teile separat hacken. ● In einem Topf die Schalotten in 1 ½ EL **Öl** glasig andünsten, den Knoblauch kurz mitdünsten. Die geviertelten Pilze und ausgedrückten Steinpilze dazugeben und 2–3 Minuten braten. **Gemüsefond** und Pilzwasser angießen, aufkochen und 5 Minuten köcheln lassen. ● **Haferdrink** und 100 ml **Hafer Cuisine** hinzugeben, erhitzen, aber nicht mehr kochen. Mit dem Stabmixer fein pürieren, falls gewünscht, etwas mehr **Gemüsefond** einrühren. Mit **Salz, Pfeffer, Cayennepfeffer, Zitronenschale** und etwas **Zitronensaft** abschmecken und heiß halten. ● Die Pilzscheiben in einer heißen Pfanne ohne Öl 3–4 Minuten rührbraten. An den Rand schieben, die Hitze reduzieren, das restliche **Öl** in die Pfannenmitte geben und das Frühlingszwiebelweiß kurz andünsten. Dann mit den Pilzen mischen und mit **Salz** und **Pfeffer** abschmecken. ● Die Suppe in zwei Schalen füllen, mit restlicher **Hafer Cuisine** beträufeln und spiralig einrühren. Darauf das Pilztopping geben und mit den grünen Frühlingszwiebelringen bestreuen.

Pro Portion 335 kcal – 32 g F, 13 g KH, 6 g B, 8 g EW

Dazu passt gebratenes Hackfleisch: 100 g Beefsteakhack in 1 TL Rapsöl 3–4 Minuten scharf braten, bis es braun und krümelig ist. Herausnehmen, salzen und pfeffern. Pilze und Frühlingszwiebelweiß in der Pfanne braten, das Fleisch wieder hineingeben und mit den Pilzen mischen.

Gemüsequiche mit Zucchini-Leinsamen-Boden

FÜR 2 PORTIONEN

Für den Boden

300 g möglichst gelbe Zucchini
Salz
30 g Leinsamen, frisch geschrotet
60 g Kichererbsenmehl
½ TL Backpulver
schwarzer Pfeffer aus der Mühle
1 TL Olivenöl

Für die Füllung

110 g rote Zwiebeln (geschält 100 g)
1 EL Olivenöl
1 rote Paprika (geputzt 125 g)
1 Stück Lauch (geputzt ca. 100 g)
Salz
schwarzer Pfeffer aus der Mühle
20 g geriebener veganer Parmesan oder anderer veganer Reibekäse

Für den Guss

200 g Seidentofu
40 g weißes Mandelmus
1 TL Dijonsenf
10 g Hefeflocken
Salz
schwarzer Pfeffer aus der Mühle
1–2 Prisen Cayennepfeffer

Zum Garnieren

2 Stängel Basilikum

Außerdem

Tarteform mit Hebeboden (Ø 22 cm)

ZUBEREITUNGSZEIT 45–50 MINUTEN + 10 MINUTEN RUHEN + 12–15 MINUTEN BACKEN

Für den Boden die **Zucchini** waschen, nicht zu fein raspeln, **salzen** und 10 Minuten stehen lassen. Die **Leinsamen** in eine Schale geben, mit 50 ml heißem Wasser verrühren und etwa 10 Minuten quellen lassen. • In einer Schüssel das **Kichererbsenmehl** mit **Backpulver,** etwas **Salz** und **Pfeffer** verrühren. • Den Backofen auf 200 °C Umluft vorheizen. Die Tarteform mit dem **Öl** ausstreichen. • Die Zucchini auf ein Küchentuch geben, zu einem Beutel drehen, sehr kräftig ausdrücken, dann auflockern, mit den Leinsamen zum Kichererbsenmehl geben und vermengen. In die vorbereitete Form füllen, mit angefeuchteten Händen andrücken, dabei einen Rand formen. Den Boden mit einer Gabel mehrfach einstechen und im vorgeheizten Ofen (Mitte) 12 Minuten vorbacken. Herausnehmen (den Ofen nicht ausschalten), etwas abkühlen lassen. • Während der Backzeit für die Füllung die **Zwiebeln** schälen, längs halbieren und quer in schmale Streifen schneiden. In einem Topf im **Öl** bei mittlerer Hitze 3–4 Minuten glasig dünsten, dabei öfter umrühren. • Inzwischen die **Paprika** mit dem Sparschäler dünn schälen, halbieren, entkernen und in etwa 1 × 2 cm große Stücke schneiden. Den **Lauch** längs halbieren, gut waschen, trocken tupfen und quer in 5 mm breite Streifen schneiden. Die Paprika zu den Zwiebeln geben und 3–4 Minuten mitbraten, dann den Lauch noch 1–2 Minuten mitbraten. Das Gemüse **salzen, pfeffern** und lauwarm abkühlen lassen. • Inzwischen für den Guss den **Seidentofu** abtropfen lassen, in einer Schüssel mit **Mandelmus, Senf** und **Hefeflocken** glatt rühren, mit **Salz, Pfeffer** und **Cayennepfeffer** würzen. Die Hälfte vom Guss auf dem vorgebackenen Boden verteilen, darauf das Gemüse geben und mit restlichem Guss bedecken. Den **Parmesan** darüberstreuen und im Ofen noch mal 12–15 Minuten backen. • Das **Basilikum** abbrausen, trocken schütteln und die Blätter abzupfen. • Die Tarte aus dem Ofen nehmen, aus der Form heben, in Stücke schneiden und mit Basilikum garnieren.

Pro Portion 540 kcal – 33 g F, 28 g KH, 19 g B, 28 g EW

Seidentofu
Auch Seidentofu punktet mit jeder Menge gesundheitlichen Vorzügen: Er besitzt viel Eiweiß, wenig Fett und ist zudem cholesterinfrei. Wie viel Tofu am Tag gesund ist? Der Richtwert liegt bei 25 g Sojaprotein pro Tag, was einer Menge von etwa 300 g Tofu entspricht.

Pikante Rote-Linsen-Tomaten-Suppe

FÜR 2 PORTIONEN

100 g rote Linsen
75 g Zwiebeln
2 Knoblauchzehen
20 g Ingwer (geschält 15 g)
3 EL Olivenöl
25 g Tomatenmark
1–2 TL Harissa
1 TL rotes Miso
500 ml Gemüsebrühe
1 Dose stückige Tomaten (400 g)
50 g pflanzliche Crème fraîche
Salz
schwarzer Pfeffer aus der Mühle
1 TL Rauchpaprika
1 TL Delikatesspaprika
¼ TL Cayennepfeffer
1–2 schmale Frühlingszwiebeln
1 TL flüssiger Honig (z. B. Akazienhonig)

ZUBEREITUNGSZEIT 25 MINUTEN + 15–17 MINUTEN KÖCHELN

Die **Linsen** in einem Sieb abbrausen und abtropfen lassen. **Zwiebeln, Knoblauchzehen** und **Ingwer** schälen und fein hacken. ● In einem Topf die Zwiebeln in der Hälfte des **Öls** glasig andünsten. Knoblauch und Ingwer hinzufügen und kurz mitdünsten. **Tomatenmark, Harissa** und **Miso** dazugeben und unter Rühren anrösten. Die Linsen hinzugeben und unter Rühren weiterrösten. Zunächst 400 ml **Brühe** angießen, aufkochen und 5 Minuten köcheln lassen. Die **Dosentomaten** dazugeben und 10–12 Minuten offen köcheln lassen, dabei öfter umrühren. ● Inzwischen die **Crème fraîche** mit etwas **Salz** und **Pfeffer** glatt rühren. Das restliche **Öl** mit beiden **Paprikasorten** und **Cayennepfeffer** verrühren. Die **Frühlingszwiebeln** putzen, waschen und in Ringe schneiden. ● Die Suppe mit dem Stabmixer nur ganz kurz pürieren, sodass ein Teil stückig bleibt. Nach Belieben mehr **Brühe** hinzugeben, mit **Salz, Pfeffer** und **Honig** abschmecken und auf zwei Schalen verteilen. Auf jede Portion einen Klecks Crème fraîche geben. Das Paprika-Öl noch mal durchrühren und darüberträufeln. Mit Frühlingszwiebeln bestreuen.

Pro Portion 459 kcal – 25 g F, 39 g KH, 12 g B, 18 g EW

Dazu passen Eier: 2 Eier (Größe M) pochieren und in die Suppenportionen geben. Oder die Eier weich kochen, abschrecken, pellen und dazu servieren.

VITAMINBOMBEN UND GEHEIMTIPPS

Kleine Rezepte
mit großer Wirkung

Wenn schon snacken, dann bitte gesund! Die folgenden Getränke und kleinen Mahlzeiten bringen Sie gesund und gut durch den Tag, denn die Zusammenstellung lässt den Insulinspiegel nicht in die Höhe schnellen. Sie wollen noch eine gute Nachricht? Mit den Joker-Rezepten können Sie Ihre Zwischenmahlzeit ganz individuell in einen Vitalstoffbooster verwandeln. So überbrücken Sie nicht nur die Pausen zwischen den Mahlzeiten mit links, sondern bringen den Verjüngungsprozess auf Hochtouren.

Joker

FÜR DEN INDIVIDUELLEN ENERGIEBEDARF

Menschen haben abhängig von Größe, Gewicht, Alter, Aktivität und Stoffwechsel einen sehr unterschiedlichen Energiebedarf. Bei höherem Bedarf kann man diese Joker als Vorspeise einsetzen, zum Beispiel in Verbindung mit einer Suppe. Wer umgekehrt einen geringeren Energiebedarf hat, tauscht einfach ein höherkalorisches Gericht gegen einen Joker aus. Jeder Joker hat rund 250 kcal.

Cremiger Blumenkohl-Bohnen-Hummus an Snackgurken

Für 2 Portionen – Zubereitungszeit 15 Minuten

300 g Blumenkohlröschen waschen, in einen Dämpfkorb geben, über kochendem Wasser 7–8 Minuten bissfest dämpfen und abkühlen lassen. • Inzwischen **100 g weiße Bohnen** aus der Dose abtropfen lassen. **1 Knoblauchzehe** schälen und grob hacken. **½–1 grüne Chili** längs halbieren, entkernen, abbrausen und hacken. **1 kleines Bund Dill** abbrausen, trocken schütteln, die Fähnchen abzupfen, einige beiseitelegen und den Rest hacken. • Blumenkohl, Bohnen, Knoblauch, Chili, gehackten Dill, **2 EL Zitronensaft** und **2 TL abgeriebene Biozitronenschale** im Blitzhacker (oder mit dem Stabmixer) fein pürieren. Mit **Salz, schwarzem Pfeffer aus der Mühle** und **1 Prise Cayennepfeffer** abschmecken. • **2–3 feste Snackgurken** (200 g) waschen, schräg in nicht zu dünne Scheiben hobeln. Den Hummus auf zwei Schalen verteilen und mit den Gurken anrichten. Mit **1 EL Olivenöl** beträufeln und mit Dillspitzen garnieren.

Pro Portion 247 kcal – 14 g F, 17 g KH, 10 g B, 11 g EW

Avocado-Caprese

Für 2 Portionen – Zubereitungszeit 10 Minuten

1 Avocado (125 g Fruchtfleisch) vierteln, entkernen, die Schalen abziehen und das Fruchtfleisch quer in Scheiben schneiden. **200 g Kirschtomaten** waschen, in Scheiben schneiden. **80 g veganen Mozzarella** trocken tupfen und würfeln. **3–4 Stängel Basilikum** abbrausen, trocken schütteln, die Blätter abzupfen. • Avocado- und Tomatenscheiben auf zwei Tellern anrichten. Mozzarella darüberstreuen, **salzen, pfeffern** und mit **1 TL Olivenöl** beträufeln. Mit **1 Prise Chiliflocken** würzen und mit Basilikumblättern garnieren.

Pro Portion 252 kcal – 24 g F, 6 g KH, 5 g B, 3 g EW

Oliven-Kirschtomaten-Spieße

Für 2 Portionen – Zubereitungszeit 7 Minuten

100 g kleine Kirschtomaten waschen und trocken tupfen. **2–3 Stängel glatte Petersilie** oder **Basilikum** abbrausen, trocken schütteln und die Blätter abzupfen. **100 g entsteinte grüne Oliven** und **100 g entsteinte schwarze Oliven,** Tomaten und Kräuterblätter abwechselnd auf Holzspieße stecken.

Pro Portion 256 kcal – 25 g F, 5 g KH, 3 g B, 3 g EW

Joker

Würzig-scharfes Haselnussmus an Karottensticks

Für 2 Portionen – Zubereitungszeit 7 Minuten

350 g Karotten schälen, quer halbieren oder dritteln, dann längs in Sticks schneiden. • **60 g Haselnussmus** mit **1–2 TL Sambal Oelek** und **1 EL glutenfreier Sojasauce** (Tamari) mischen. Nach und nach bis zur gewünschten Konsistenz 1–2 EL Wasser unterrühren. • Dazu die Karottensticks reichen.

Pro Portion 250 kcal – 20 g F, 11 g KH, 8 g B, 7 g EW

Rohe Blumenkohlröschen mit Mandel-Miso-Dip

Für 2 Portionen – Zubereitungszeit 7 Minuten

300 g Blumenkohlröschen waschen, abtropfen und in mundgerechte Röschen teilen. • **70 g weißes Mandelmus** mit **1 EL weißem Miso, 1 EL Limettensaft, 1 TL abgeriebener Biolimettenschale** und 2–3 EL Wasser glatt rühren. Mit **Salz, schwarzem Pfeffer aus der Mühle** und **1 Prise Cayennepfeffer** abschmecken und mit den Blumenkohlröschen zum Dippen servieren.

Pro Portion 256 kcal – 21 g F, 5 g KH, 7 g B, 12 g EW

Grüner Spargel mit Bohnen-Hummus und pfeffriger Gremolata

Für 2 Portionen – Zubereitungszeit 20 Minuten

500 g grünen Spargel waschen, holzige Enden entfernen und die Spitzen abschneiden. Die Stangen in **Salzwasser** 2 Minuten bissfest blanchieren, eiskalt abschrecken und trocken tupfen. • Für die Gremolata die Spargelspitzen roh hacken und in eine Schale geben. **2 TL eingelegten grünen Pfeffer** abbrausen, trocken tupfen, hacken, mit **1 TL abgeriebener Biozitronenschale** und etwas **Flockensalz** zum gehackten Spargel geben und mischen. • Für den Hummus **1 Knoblauchzehe** schälen und grob hacken. **½–1 grüne Chili** längs halbieren, entkernen, abbrausen und grob zerkleinern. **1 Dose weiße Bohnen** (240 g Abtropfgewicht) abgießen, abbrausen und abtropfen lassen, mit Knoblauch, Chili, **25 g weißem Tahini, 1 ½ EL Zitronensaft** und **1 TL abgeriebener Biozitronenschale** im Blitzhacker (oder mit dem Stabmixer) fein pürieren. **Salzen** und **pfeffern.** • Den Hummus auf zwei Schalen verteilen und mit der Gremolata bestreuen. Mit den Spargelstangen dippen.

Pro Portion 253 kcal – 8 g F, 25 g KH, 11 g B, 15 g EW

Vitaminbomben

KRÄUTERTOPPINGS FÜR SUPPEN, SALATE UND HUMMUS

Damit die Vitaminbomben wirklich prallvoll mit Vitaminen und sekundären Pflanzenstoffen bleiben, sollten sie immer frisch zubereitet und schnell verzehrt werden. Ideal sind frisch geerntete Kräuter aus dem eigenen Garten oder von Töpfen auf der Fensterbank. Microgreens lassen sich ganz einfach in passende Gefäße aussäen und bereits nach wenigen Tagen ernten.

Jede Mischung besteht aus etwa 20 g Kräutern, dazu kommen frisch abgeriebene Zitrusschalen und ab und zu etwas Knoblauch, Frühlingszwiebel oder Schalotte. Die Nährwerte sind minimal und können vernachlässigt werden.

Klassische Gremolata

Für 2 Portionen – Zubereitungszeit 7 Minuten

1 großes Bund glatte Petersilie abbrausen, trocken schütteln und nicht zu fein hacken. **2 Biozitronen** heiß waschen und trocken tupfen, die Schale abreiben. **3 Knoblauchzehen** (möglichst junge, frische) schälen und hacken. Alles mit **½ TL Flockensalz** mischen.

Microgreen-Mix

Für 2 Portionen – Zubereitungszeit 6 Minuten

Je **5 g Brokkoli-, Grünkohl-, Rucola-** und **Senf-Microgreens** frisch ernten, abbrausen und trocken tupfen. Locker mischen oder hacken.

Persische Kräuter

Für 2 Portionen – Zubereitungszeit 8 Minuten

Je **6–8 g Minzeblätter, Dillspitzen** und **Koriandergrün** waschen, trocken schütteln und hacken. Dann mit **2 TL abgeriebener Biolimettenschale** mischen. Falls erhältlich, etwas frisches **Bockshornkleekraut** fein hacken und untermischen.

Chermoula ohne Öl

Für 2 Portionen – Zubereitungszeit 10 Minuten

Chermoula ist eigentlich eine Sauce, bei der die Kräutermischung mit Olivenöl verrührt wird. Hier eine Variante ohne Öl.

10 g Koriandergrün (zarte Stiele und Blätter), **5 g Minzeblätter** und **5 g Petersilienblätter** abbrausen, trocken tupfen, hacken und in eine Schüssel geben. **½ kleine rote Zwiebel** und **2 Knoblauchzehen** schälen, fein hacken und dazugeben. **2 Msp. Safranfäden** mit **1 Prise Salz** im Mörser zerreiben und mit **½ TL gemahlenem Kreuzkümmel** (Cumin), **2 TL abgeriebener Biozitronenschale** und **1 guten Prise Chiliflocken** unter die Kräutermischung rühren.

Persische Kräuter
Microgreen-Mix
Klassische Gremolata
Chermoula ohne Öl

Rucola-Dill-Mix mit Frühlings-
zwiebel und Orangenschale
Zitroniges 3-Kräuter-Topping
Grüne-Sauce-Kräuter
Mediterrane Kräutermischung

Vitaminbomben

KRÄUTERTOPPINGS FÜR SUPPEN, SALATE UND HUMMUS

Mediterrane Kräutermischung

Für 2 Portionen – Zubereitungszeit 10 Minuten

10–12 Zweige Thymian, 4–6 Stängel Bohnenkraut, 2 Zweige Rosmarin und **½ kleines Bund Oregano** abbrausen und trocken schütteln. Die Rosmarinnadeln sehr fein hacken, die anderen Blätter abstreifen und hacken. Von **1 Lorbeerblatt** die Mittelrippe herausschneiden, dann in hauchdünne Streifen und diese in Stückchen schneiden. **1–2 Knoblauchzehen** schälen und fein hacken. Alles mit **2 TL abgeriebener Biozitronenschale** und **¼ TL getrockneten Biolavendelblüten** mischen.

Grüne-Sauce-Kräuter

Die klassische grüne Sauce besteht aus sieben Kräutern, die Mengen variieren je nach Saison der einzelnen Kräuter. Man kauft sie meistens fertig abgepackt in 200-g-Päckchen. Traditionell werden die Kräuter mit Joghurt und saurer Sahne verrührt und mit Senf, Salz und etwas Zucker gewürzt. Eine vegane Variante wird mit ungesüßtem Pflanzenjoghurt hergestellt.

Für 2 Portionen – Zubereitungszeit 10 Minuten

Je **2 Blätter Sauerampfer** und **Borretsch,** je **3–4 Stängel Petersilie** und **Pimpinelle, 6–8 Stängel Kerbel** und **1 kleine Handvoll Gartenkresse** (etwa 5 g) abbrausen, trocken tupfen und fein hacken und in eine Schüssel geben. **12–20 Halme Schnittlauch** abbrausen, trocken schütteln, in schmale Röllchen schneiden, zu den Kräutern geben und mischen.

Zitroniges 3-Kräuter-Topping

Für 2 Portionen – Zubereitungszeit 7 Minuten

10 g Basilikumblätter und **5 g Salbeiblätter** waschen, trocken tupfen, hacken. **8–10 Zweige Zitronenthymian** abbrausen, trocken schütteln und die Blätter abstreifen. Kräuter mit **1 TL abgeriebener Biozitronenschale** mischen.

Rucola-Dill-Mix mit Frühlingszwiebel und Orangenschale

Für 2 Portionen – Zubereitungszeit 10 Minuten

10 g Rucola waschen, trocken schütteln und hacken. **3–4 Stängel Dill** abbrausen, trocken schütteln, die Spitzen abzupfen und hacken. **1 schmale Frühlingszwiebel** putzen und abbrausen. Den weißen Teil hacken, den grünen in schmale Ringe schneiden. Alles mit **2 TL abgeriebener Bioorangenschale** mischen.

Shots

Die Basis für die Shots ist immer Ingwersaft. Am besten man entsaftet Bioingwer selbst. Dieser muss nur gewaschen, aber nicht geschält werden. Der Saft hält im Kühlschrank mehrere Tage. Alternativ kauft man 100-prozentigen Ingwersaft im Bioladen oder Reformhaus.

Wem die Shots zu intensiv sind, der kann sie mit ein wenig Wasser auffüllen. Die Nährwerte sind minimal und werden nicht extra berechnet.

Ingwer-Kurkuma-Shot

Für 2 Portionen – Zubereitungszeit 2 Minuten

2 EL Ingwersaft mit **1 EL Zitronensaft, ½ TL gemahlener Kurkuma** und etwas **schwarzem Pfeffer aus der Mühle** verrühren. Mit **60 ml Apfelsaft** auffüllen, nochmals umrühren, auf zwei kleine Gläser verteilen und sofort trinken.

Ingwer-Spirulina-Shot

Für 2 Portionen – Zubereitungszeit 2 Minuten

2 EL Ingwersaft mit **1 EL Zitronensaft** und **½ TL Spirulinapulver** verrühren. Mit **60 ml Apfelsaft** auffüllen, nochmals umrühren, auf zwei kleine Gläser verteilen und sofort trinken.

Ingwer-Acerola-Shot mit Zimt und Orangensaft

Für 2 Portionen – Zubereitungszeit 2 Minuten

2 EL Ingwersaft mit **1 EL Limettensaft, 1 TL Acerolapulver** und **¼ TL gemahlenem Ceylonzimt** verrühren. Mit **60 ml Orangensaft** auffüllen, nochmals umrühren, auf zwei kleine Gläser verteilen und sofort trinken.

Ingwer-Chili-Shot mit Grapefruit

Für 2 Portionen – Zubereitungszeit 2 Minuten

2 EL Ingwersaft mit **1 EL Zitronensaft** und **1 Prise Cayennepfeffer** verrühren. Etwa **60 ml Saft aus ½ Pink Grapefruit** auspressen, mit den anderen Zutaten verrühren, auf zwei kleine Gläser verteilen und sofort trinken.

Ingwer-Chili-Shot mit Grapefruitsaft

Ingwer-Acerola-Shot mit Zimt und Orangensaft

Ingwer-Spirulina-Shot

Ingwer-Kurkuma-Shot

Kokos-Minz-Smoothie mit Acerola

Spirulina-Smoothie mit Paprika, Avocado und Apfel

Grünkohl-Birnen-Smoothie

Matcha-Smoothie mit Spinat und Apfel

Grüne Smoothies

Die Smoothies werden im Hochleistungs-Standmixer besonders fein. Damit sich alles gut mixen lässt, wird zunächst kaltes Wasser in den Mixer gefüllt. Blattgemüse wie Rucola oder Spinat, Kräuter wie Basilikum, Oregano oder Minze, Sprossen oder Microgreens und Gemüse wie Brokkoli oder Grünkohl werden gründlich gewaschen und trocken geschleudert oder abgetropft. Die weiteren Zutaten werden gewaschen und grob zerkleinert. Ein Stück Avocado sorgt für Cremigkeit. Man beginnt auf niedriger Stufe zu mixen, schaltet schnell auf die höchste Stufe und püriert den Smoothie 30–60 Sekunden. Nach gewünschter Konsistenz kann man den Smoothie am Schluss noch mit etwas mehr Wasser verdünnen.

Wer einen Garten hat, kann Wildkräuter wie Giersch, Brennnessel, Löwenzahn oder Gänseblümchen für seine Smoothies verarbeiten, ebenso Blätter von Erdbeeren, Brombeeren, Kohlrabi, Radieschen oder Roter Bete.

Matcha-Smoothie mit Spinat und Apfel

Für 2 Portionen – Zubereitungszeit 10 Minuten

500 ml kaltes Wasser in den Standmixer geben, danach **100 g Blattspinat** (oder portionierbaren TK-Blattspinat), **½ grünen Apfel** (entkernt 75 g), **20 g Ingwer** (geschält 15 g), **½ große Avocado** (75 g Fruchtfleisch), **1 kleine Handvoll Microgreens** oder **Sprossen** nach Wahl (etwa 5 g), **2–3 EL Zitronensaft, 1 TL Olivenöl** oder **Leinöl, ½ TL Matchapulver, etwas grünen Pfeffer aus der Mühle** und nach Belieben **1 Prise Salz.**

Pro Portion 142 kcal – 12 g F, 6 g KH, 5 g B, 3 g EW

Grünkohl-Birnen-Smoothie

Für 2 Portionen – Zubereitungszeit 10 Minuten

500 ml kaltes Wasser in den Standmixer geben, danach **100 g Grünkohlblätter** (oder portionierbaren TK-Grünkohl), **½ Birne** (entkernt 100 g), **20 g Ingwer** (geschält 15 g), **½ große Avocado** (75 g Fruchtfleisch), **1 kleine Handvoll Microgreens** oder **Sprossen** nach Wahl (etwa 5 g), **2–3 EL Zitronensaft, 1 TL Olivenöl** oder **Leinöl, 2 TL Macapulver, etwas grünen Pfeffer aus der Mühle** und nach Belieben **1 Prise Salz.**

Pro Portion 167 kcal – 12 g F, 11 g KH, 7 g B, 4 g EW

Spirulina-Smoothie mit Paprika, Avocado und Apfel

Für 2 Portionen – Zubereitungszeit 10 Minuten

500 ml kaltes Wasser in den Standmixer geben, danach **1 grüne Paprika** (geputzt 150 g), **½ großen Apfel** (entkernt 100 g), **20 g Ingwer** (geschält 15 g), **½ große Avocado** (75 g Fruchtfleisch), **20 g Basilikum, 2–3 EL Limettensaft, 1 TL Olivenöl** oder **Leinöl, 1 TL Spirulinapulver, etwas grünen Pfeffer aus der Mühle** und nach Belieben **1 Prise Salz.**

Pro Portion 153 kcal – 12 g F, 9 g KH, 5 g B, 3 g EW

Kokos-Minz-Smoothie mit Acerola

Für 2 Portionen – Zubereitungszeit 10 Minuten

500 ml kaltes Kokoswasser in den Standmixer geben, danach **100 g Rucola, 1 grüne Kiwi** (geschält 80 g), **20 g Ingwer** (geschält 15 g), **½ große Avocado** (75 g Fruchtfleisch), **15 g Minzeblätter, 2–3 EL Limettensaft, 1 TL Olivenöl** oder **Leinöl, 10 g Acerolapulver, 1 TL gemahlene Kurkuma** und nach Belieben **1 Prise Salz.**

Pro Portion 187 kcal – 12 g F, 15 g KH, 5 g B, 3 g EW

Heiße Getränke

Goldene Milch

Für 2 Portionen – Zubereitungszeit 10 Minuten

600 ml ungesüßten Mandeldrink in einen Topf füllen, dann **20 g weißes Mandelmus, 10 g Kokosöl, 2 TL gemahlene Kurkuma, 1 TL Ingwerpulver, 1 TL gemahlenen Ceylonzimt, ½ TL frisch gemahlenen Kardamom, 1 Prise frisch geriebene Muskatnuss** und **1 Prise schwarzen Pfeffer aus der Mühle** sowie nach Belieben **1 Prise Salz** einrühren. Bei gut mittlerer Hitze unter Rühren 3–4 Minuten sanft erhitzen, aber nicht kochen. Die goldene Milch in zwei Becher füllen, nach Belieben etwas aufschäumen und langsam genießen.

Pro Portion 121 kcal – 6 g F, 0 g KH, 1 g B, 2 g EW

TIPP Wer möchte, rührt noch 1–2 TL Akazienhonig in die goldene Milch oder in die Moon Milk.

Moon Milk

Für 2 Portionen – Zubereitungszeit 10 Minuten

400 ml ungesüßten Haferdrink mit 200 ml Wasser in einen Topf füllen, **2 TL Ashwagandha-Pulver, 2 TL dunkles Kakaopulver, 1 TL gemahlenen Ceylonzimt, ½ TL frisch gemahlenen Kardamom, ¼ TL Vanillepulver, 1 Prise Salz** und **2 Msp. schwarzen Pfeffer aus der Mühle** einrühren. Bei gut mittlerer Hitze unter Rühren 3–4 Minuten sanft erhitzen, aber nicht kochen. Die Moon Milk in zwei Becher füllen, nach Belieben etwas aufschäumen und langsam genießen.

Pro Portion 149 kcal – 7 g F, 16 g KH, 3 g B, 3 g EW

Ashwagandha Ashwagandha-Pulver wird aus der Wurzel der Ayurveda-Heilpflanze Ashwagandha gewonnen. Neben anderen guten Eigenschaften wird dem Pulver eine schlaffördernde Wirkung nachgesagt.

Zichorienkaffee mit Kardamom

Für 2 Portionen – Zubereitungszeit 7 Minuten

15 g Instant-Zichorienkaffee mit 400 ml kochend heißem Wasser aufgießen. **1 TL frisch gemahlenen Kardamom** einrühren und auf zwei Becher verteilen. **200 ml ungesüßten Barista-Haferdrink** erhitzen, aber nicht kochen. Mit einem Milchaufschäumer zu Milchschaum verarbeiten und auf den Kaffee löffeln. Mit **1 Prise Kakaopulver** bestäuben.

Pro Portion 81 kcal – 3 g F, 10 g KH, 4 g B, 1 g EW

Chai Latte

Für 2 Portionen – Zubereitungszeit 15 Minuten

½ Stange Ceylonzimt, 1 Sternanis, 2 grüne Kardamomkapseln, 2 Gewürznelken, 10 schwarze Pfefferkörner und **1 Msp. Safranfäden** im Mörser grob zerstoßen. In einem Topf bei mittlerer Hitze unter Rühren anrösten, bis es duftet. 250 ml Wasser und **15 g Ingwer** (geschält 10 g) in Scheiben hinzugeben und aufkochen. **350 ml ungesüßten Haferdrink** angießen und erneut aufkochen. Vom Herd nehmen. **1 EL flüssigen Honig** (zum Beispiel Akazienhonig) und **1 EL Schwarzteeblätter** einrühren und abgedeckt 5 Minuten ziehen lassen. Abseihen und servieren.

Pro Portion 120 kcal – 5 g F, 16 g KH, 1 g B, 2 g EW

Moon Milk
Goldene Milch
Zichorienkaffee
mit Kardamom
Chai Latte

Infused Water

Der Name sagt es bereits: Das Wasser wird nur leicht aromatisiert, die Nährwerte sind marginal und müssen nicht berücksichtigt werden.

- **Biozitrusfrüchte** (Orangen, Zitronen, Limetten und Grapefruit) und andere Früchte wie **Pfirsich** oder **Nektarine** werden gut gewaschen und dann in dünne Scheiben geschnitten.
- **Melone** und **Kiwis** werden geschält und in Scheiben oder Spalten geschnitten, **Beerenfrüchte** nur behutsam abgebraust.
- **Biogurken** werden ebenfalls gut gewaschen und mit der Schale in dünne Scheiben geschnitten.
- **Ingwer** wird geschält und in hauchdünne Scheiben gehobelt.
- Kräuter wie **Basilikum, Melisse** und **Minze** werden gewaschen und grob zerzupft. Bei **Thymian** und **Rosmarin** lässt man die Zweige ganz.
- **Holunderblüten** (Mai–Juli) werden bei trockenem Wetter als ganze Blütenstände geerntet, Insekten und Schmutz herausgeschüttelt, in kaltem Wasser geschwenkt und abgetropft. Getrocknete, abgerebelte Blüten kann man als Tee aufgießen.
- **Waldmeister** (Mai) wird kurz angetrocknet, damit er sein typisches Cumarin-Aroma entwickelt, oder frisch eingefroren, am besten locker verstaut in einer Clipbox.

Ganz nach Geschmack werden **Früchte, Gurke** und/oder **Kräuter** oder **Blüten** mit 1 Liter Wasser in einen Krug gegeben und über Nacht in den Kühlschrank gestellt.

Sehr schön lassen sich die Zutaten kombinieren wie beispielsweise:

1 Gurke, Ingwer, Zitrone, Minze
2 Rote Johannisbeeren, Pfirsich, Melisse
3 Wassermelone, Limette, Minze
4 Galia-Melone, Rosmarin, Zitrone
5 Kiwi, Limette, Thymian
6 Nektarine, Maracuja, Basilikum

ERFAHRUNGSBERICHT „Durch mein persönliches Interesse und meine Arbeit mit Menschen kam ich nicht drum herum, die Jungbrunnen-Formel von Sven zu erkunden. Besonders reizte mich der Bereich Ernährung. Ich wollte unbedingt etwas Neues finden und umsetzen. Gesagt, getan: Schon ein Glas Wasser mit Zitrone ist so einfach umzusetzen, dass schnell eine neue Morgenroutine geboren ist. Vital und fit in den Tag starten – so liebe ich es."
Nina Völpel (mit Sven Voelpel weder verwandt noch verschwägert noch [bisher] persönlich bekannt), Yogalehrerin, Ernährungsberaterin und Personal Trainerin

Zutaten- und Rezeptregister

Sie suchen ein ganz bestimmtes Gericht oder nach einer Zubereitungsidee für vorrätige Zutaten? Das Register hilft Ihnen schnell weiter: Alle Rezepte aus diesem Buch und die wichtigsten Komponenten sind hier alphabetisch gelistet.

Infos

Hier geht es zum Alterstest
https://svenvoelpel.com/de/alterstest
oder via QR-Code

Website mit Shop
https://svenvoelpel.com/de

Der Jungbrunnenkompass
Sie wollen mehr über den Jungbrunnenkompass wissen? Beantworten Sie den von mir und meinem Team entwickelten Alterstest unter www.svenvoelpel.com/de und erfahren Sie Ihr biologisches Alter sowie wie viele Jahre Sie noch gewinnen können. Gleichzeitig erhalten Sie per E-Mail einen Tipp, wie Sie sich am besten verjüngen können. Danach bekommen Sie ebenfalls kostenlos per E-Mail den Jungbrunnenkompass. Mit diesem erhalten Sie ergänzend zum Meta-Ernährungscode die Chance, Tag für Tag jünger, gesünder und leistungsfähiger zu werden. Der Jungbrunnenkompass bietet eine ganzheitliche Anleitung für ein langes, gesundes und erfülltes Leben. Das erreichen wir durch das Optimieren der sieben Jungbrunnenfaktoren: innere Einstellung, Ernährung, Bewegung, Schlaf, Atmung, Entspannung und soziale Kontakte. Der Jungbrunnenkompass ersetzt keinen Arztbesuch oder eine individuelle medizinische Beratung.

Die folgenden Links führen Interessierte zu meiner Jungbrunnen-App und zu meinem Jungbrunnenkurs:
https://jungbrunnen.app
https://jungbrunnen-kurs.coachannel.com

Danke

Ich bin glücklich und dankbar für dieses in allen Dimensionen wunder- und wertvolle Buchprojekt! Dabei bin ich folgenden Menschen ganz besonders dankbar: Christine Kluge für die Begeisterung, professionell und legendär lösungsorientiert vom Initiieren dieses Buches über den gesamten Prozess bis zum Druck. Bettina Matthaei für die raffinierte Rezeptentwicklung nach dem Meta-Ernährungscode und den in meinem Jungbrunnenkompass empfohlenen Lebensmitteln. Jan-Peter Westermann für die feine Food-Fotografie und Jens Piotraschke für das faszinierende Foodstyling. Folgenden Personen danke ich jeweils für die danach genannten Verantwortlichkeiten: Valerie Mayer (perfekte Projektleitung), Caroline Mohr (bewundernswerte Buchgestaltung), Markus Neis (bestimmte Bildbearbeitung), Şebnem Yavuz (findiges Fachlektorat der Rezepte) und Doreen Köstler (lobenswertes Lektorat). André Volkmann für den inspirierenden Input, das fulminante Feedback und die fördernde Freundschaft. Last, but not least Ralf Joest für die beeindruckende Expertise in der Welt der Kochbücher inklusive Kompetenz in der kreativen Konzeptentwicklung, die ihresgleichen sucht und gleichzeitig vermag, auf meine Wünsche als Autor einzugehen, während er diese beflügelt. Möge dieses Buch ein Segen für jeden sein, dem es begegnet!